みんなが幸せになる引き寄せの新法則

潜在意識ラボ 近藤 純

KADOKAWA

いつでも、誰かの幸せを願うところから。

あなたが「愛」のエネルギーを使って
誰かの幸せを願えたら、
誰かがあなたの幸せを願っていると
信じられます。

誰かを幸せにする行動ができたなら、
誰かがあなたを幸せにしようとしてくれていると
確信できます。

あなたが発したり受け取ったりする
愛のエネルギーが
大きければ大きいほど、
あなたの引き寄せの力は大きくなります。

あなたが見ているこの世界全体、宇宙全体を
1ミリの隙間もなく
愛のエネルギーで満ち満ちた状態にしてみましょう。

はじめに——僕が「引き寄せ」を伝えたい理由

願いは、ただ願っているだけでは思いどおりには叶いません。

それどころか間違った引き寄せをやり続けて、幸せを遠ざけている人さえいます。


引き寄せは簡単です。人は例外なく引き寄せの力を持っていますし、使っています。

引き寄せとは特別な力ではなく、カボチャが馬車に変わるような魔法でもなく、地球に重力が働いてすべてがその影響を受けるように万物に等しく働いている力です。

それなのに、「願いが叶わない」「望むように引き寄せられない」

「自分には引き寄せることができないんじゃないか」と、堂々巡りしてしまう方が後を絶ちません。

この本は、そうした方々のために書きました。「引き寄せられない」と悩んでいる皆さんに、今度こそ実践しやすい方法を伝えます。

結論から言います。

いったん自分の願いは脇に置き、**みんなの幸せ**を考えるところからスタートしましょう。それによって愛のエネルギーでまず自分を満たすのです。

そのように聞いて、第一印象、どう思いましたか。「なんとなくうまくいきそうだ」と感じた方、「みんな？　愛？」と疑問だらけの方、「きれいごとみたい」とイラッとした方、そんなすべての方々に、この本を読んでいただけたら嬉しいです。

今、アメリカをはじめとした多くの国々では、引き寄せ（law of attraction）をスタンダードな真理、新しい時代のカルチャーとして普通に取り入れています。

日本でも引き寄せについてはすでに多くの人が語っていますし、本もたくさん出版されています。どれもすばらしい内容で、僕自身もたくさん勉強させてもらいました。

本書で述べる引き寄せの法則自体は、概《おおむ》ねそうしたオーソドックスな知識に沿ったものです。ただ、実践するアプローチについて「シンプルで斬新！」「やっとわかった！」と言ってもらえるので、「新法則」と謳《うた》っています。

おかげさまで、結果が出たというクライアントさんも続出しています。たとえば……、月収が30倍になりました！

1000万円の臨時収入を引き寄せました！

人気企業から内定をもらいました！

営業で「話せば売れる状態」になり、収入激増！

理想的なパートナーと出会って結婚できました！

大嫌いだった親を心の底から許せました！

このように、引き寄せた内容は、お金、仕事、人間関係、パートナーシップなど多種多様です。

さて、申し遅れました。僕は近藤 純と申します。心理カウンセラー、ビジネスコンサルタントとして、引き寄せの法則をベースにした「潜在意識ラボ」を主宰しています。

幼少期に読んだ漫画『ブッダ』（手塚治虫著、潮出版社）に衝撃を受けたのをきっかけに、仏教系の大学に進みました。それから15年以上、1万時間以上を費やして、仏教学はもちろんのこと、ニューエイジ思想や心理学、脳科学を研究し、日々そこで得た知識を実践しています。

その結果、僕が辿《たど》り着いた引き寄せのメソッドについて、会社員時代から副業として発信を始めたところ、夢だった月商8桁を二年で現実にできました。

今は脱サラして会社を経営し、時間にも場所にも縛られない自由な暮らしが実現。家族や大好きな人たちに囲まれて、穏やかに暮らしています。

さらにありがたいことに、日々たくさんのクライアントさんの人生をますます幸せにするお手伝いをさせていただいています。

もう少し、僕の話をさせてください。普通の会社員として働きながら、なぜ大学卒業後も心の勉強をやめなかったのか。実は僕は、小さい頃から父親にひどい扱いを受けていて、愛される感覚を持てずにいました。そのせいでいつも、「なぜ自分は生まれてきたんだろう」と漠然とした疑問を感じていました。

高校生になって親が離婚し、あれやこれやで、いわゆる不良と呼ばれる仲間と夜遅くまで遊ぶようになりました。

今思えば、なにか目に見えない力が働いたのかもしれません。ある日、バイクで事故に遭い、死ぬ直前の大怪我《けが》をしました。意識を取り戻した瞬間、「このまま死んだら絶対に後悔する」と、僕は痛切に思ったのです。

「今、僕の命を惜しんでくれる人は何人いるだろう」

「死ななかったということは生かされた理由があるはず」

「どうせ死ぬなら、なにかを残してからがいい」

「僕に残せるものはなにか。この命にどんな役目があるのか」

このとき以来、僕は、いただいた命をどう使うかということだけを考えて生きています。

その結論が みんなの幸せ です。
しかも みんなの幸せ を願うことと、自分の願望を引き寄せることが密接に関係しているとわかってからは、それ以前と比べて物質的にも精神的にも豊かな状態で、人生を思いどおりにコントロールできるようになりました。

これから伝える話は、引き寄せの根っこの部分に当たります。心理学や仏教思想などを融合して、目に見えない世界を扱う体系的な方法をステップバイステップでお伝えしていきます。この根っこの部分を理解しさえすれば、引き寄せはとても簡単になります。これまで引き寄せがうまくできなかった人も、引き寄せに初めて触れるという人も、願望をサクサク叶えていけるようになります。

僕自身も正直、このアプローチに気づいた時点では、半信半疑でした。でも、すごく取り組みやすく心地よい手法なので、自然に続けられました。そうするうちに、何度も大きな引き寄せを体験し、意図したとおりに願いが叶っていく経験が繰り返されて、「この方法は間違いない」と確信したのです。

それをYｏｕＴｕｂｅやSNSでシェアしたら大きな反響があり、「引き寄せた」との報告が後を絶たなくなりました。

みんなが幸せになる引き寄せの輪は、着々と広がっています。

あなたもその輪に加わって、最高の人生を叶えませんか。

潜在意識ラボ　近藤 純

第1章 「みんなの幸せ」を祈ると引き寄せが加速する

第2章 お金を引き寄せる

第3章 仕事で引き寄せる

第4章 人間関係で引き寄せる

第5章 そして、理想の世界を引き寄せる！

ブックデザイン	bookwall
本文DTP	PETRICO
イラスト	うてのての
校　正	東京出版サービスセンター
編集協力	深谷恵美
編　集	伊藤頌子（KADOKAWA）

SPECIAL THANKS　エネルギーラボの皆さん

第1章

「みんなの幸せ」を祈ると引き寄せが加速する

潜在意識の領域では自分に嘘がつけない

願いを意図する――どんな引き寄せも、ここから始まります。

ただ、引き寄せがうまくいかないほとんどの方は、「意図する」ことだけが、引き寄せのために必要なアクションだと思っているのではないでしょうか。

「パートナーが欲しい」「年収を上げたい」「時間に縛られずに自由に好きな仕事がしたい」という願望を抱く→その願望を、いつも強く意識する→そのうち自動的に願望が叶う。それが引き寄せのプロセスだと信じて、ただ自分の願望を意識し続けていても、残念ながらそれではなにも変わりません。

でも大丈夫。ここに一つの視点を加えれば、あなたも引き寄せができるようになります。

それは、自分の内側への視点です。

潜在意識が現実化する

自分の内側とは、「意識」のことです。

人間の意識には「顕在意識」と「潜在意識」があります。顕在意識は自覚できる部分です。普段、なにかを考えたり、思ったり、願いを意図したりするのは、顕在意識の領域です。一方、潜在意識は心の奥底に眠っている、いわば「無意識」の領域です。過去の記憶や経験をベースにして、自分を守るために、見えないところで動いているシステムのようなものだとイメージしてください。無意識というくらいですから、潜在意識は自分では認知できません。だから、意図的にコントロールしようとしても、思うようにはいきません。

潜在意識の領域では自分に嘘がつけません。

たとえば「この仕事をがんばろう」と顕在意識では自分に言い聞かせていても、潜在意識では「本当は嫌だ」と感じていたり。「こうなったらいいな」と顕在意識で意図しても、潜在意識では「どうせ無理」と決めつけていたり。顕在意識と潜在意識の間には、そういった矛盾があるのです。

やっかいなことに、顕在意識と潜在意識の影響力は圧倒的に潜在意識が勝ります。意識の影響力全体のうち、潜在意識による力の割合は、97%とも、近年の研究では99%ともいわれます。ということは顕在意識でどんなに願いを意図しても、コントロール不能な潜在意識の領域で感じていることが現実になるわけです。

あなたは「願っても引き寄せられない」と思っているかもしれませんが、正しく言えば**「顕在意識で願っていることではなく、潜在意識で感じていることが引き寄せられている」**のです。

氷山のイメージでつかめる意識の本質

意識全体のうちのごく一部の、自覚できる部分。顕在意識で願っていることは引き寄せられない。

意識全体のうちの大部分を占める、無意識の領域。潜在意識で感じていることが引き寄せられてくる。

目に見える氷山は、大きな氷全体のごく一部(顕在意識)。
海面より下には、それより何倍も大きい氷の塊が沈んでいる(潜在意識)。

今のエネルギー状態が未来の現実を創る

潜在意識はコントロールできない。ということは、思いどおりに引き寄せたくても、なす術《すべ》はないのでしょうか。

そんなことはありません。引き寄せがうまい人は、潜在意識に働きかけるカギを知っています。それは「エネルギー状態」です。

最高に心地いい「今」を過ごす

エネルギー状態と潜在意識は、常にリンクしています。「潜在意識で感じていることが、引き寄せられる」という現象は、**今この瞬間のエネルギー状態が、未来の現実を創っている**と言い換えられます。ということは、望む未来を引き寄せたいならば、今この瞬間のエネルギー状態を最高に心地よくすればいいのです。

でも、なぜ自分のエネルギーの状態が引き寄せに関係するのでしょうか。それは、この世に存在するすべてのものにはエネルギーがあり、エネルギーには、近しいものどうしが引き合うという性質があるからです。

たとえば、誰でも動くと疲れますよね。それは自分のエネルギーを使っているからです。食べ物のカロリーもエネルギーの単位です。音や光には周波数がありますが、これもエネルギーです。宇宙全体にエネルギーが満ちていて、この宇宙に存在するもの、そこで起こる出来事には、すべてエネルギーが作用しています。意識や感覚、情報のようなものもエネルギーを備えています。

人間も、この本も、宇宙にある森羅万象の細胞を顕微鏡で拡大して見ていくと、「素粒子」というごく小さな粒が振動しています。

その振動が「エネルギー」です（波動と呼ばれることもあります）。この振動の状態が近いものどうしが引き合っているのです。

「なんとなくいい」というもの、「なぜか気が合う」という人、「不思議と心地いい」という環境。それらはまさに、あなたのエネルギーが、対象となるもの・人・環境と共鳴し合っているから、「いい」という感覚を得ているのです。

引き寄せにはこの性質を利用すればいいのです。**望む未来のエネルギーと、今のエネルギーの状態を意図的に合わせていけば、潜在意識にまで作用し、望みは引き寄せられます。**

エネルギーを高め、かつ強くする

エネルギーというと、多くの人が「高い＝いい」「低い＝悪い」という感じでザックリと捉えているようですが、それよりもう少し厳密に、理想の状態を特定してみましょう。というのもエネルギーは、高低だけでなく、強弱も重要な要素だからです。

いわゆる運がいい人、いい現実を創っている人のエネルギーは、高くて強い状態。エネルギーに満ち溢れ、心地いい感覚です。高くて弱いエネルギーの人もいます。たとえば、いい人なのに「私なんて」といつも遠慮がちな人。こういう人は「私なんて」というエネルギーと共鳴するので、「私なんて」と言い続ける現実を引き寄せます。一方、強いけれど低いエネルギーの人もいます。怒りっぽかったり高圧的だったりして、周りに気を遣わせる人です。エネルギーが弱くて低い人もいます。元気がなくて、ひたすらネガティブな人です。あなたはどんなエネルギーと引き寄せ合いたいでしょうか？

言うまでもなく、高くて強い状態を目指せば、望みは引き寄せやすくなります。自分のエネルギー状態さえよくしていけば、同じようにいい状態の人や情報と自動的に引き寄せ合えるので、それによって望みどおりの現実が創られていきます。

勘違いしてほしくないのですが、エネルギーの状態とは、性格ではありません。遺伝のように生まれつき備わっているものでもありません。誰でも高くしたり強くしたりできます。僕自身、やんちゃだった高校生時代は非常によくないエネルギーの中で生きていました。そんな僕でしたが、意図的にエネルギーを変えて、人生を一変させることができました。

そもそもエネルギーの状態はすぐに変わります。楽しくて気分が上がっているとき、嫌なことがあってイライラしているとき、そのたびにエネルギーは乱高下しています。そんな不確かなものに未来を任せるなんて、はなはだ心許《こころもと》ないですよね。

思いどおりに引き寄せたいなら、エネルギーを一時的にいい状態にするのでなく、できるだけ長い時間、いいエネルギーゾーンにいられるようにすること。エネルギーの平均値を底上げしていくことが必要です。

4種類のエネルギー状態

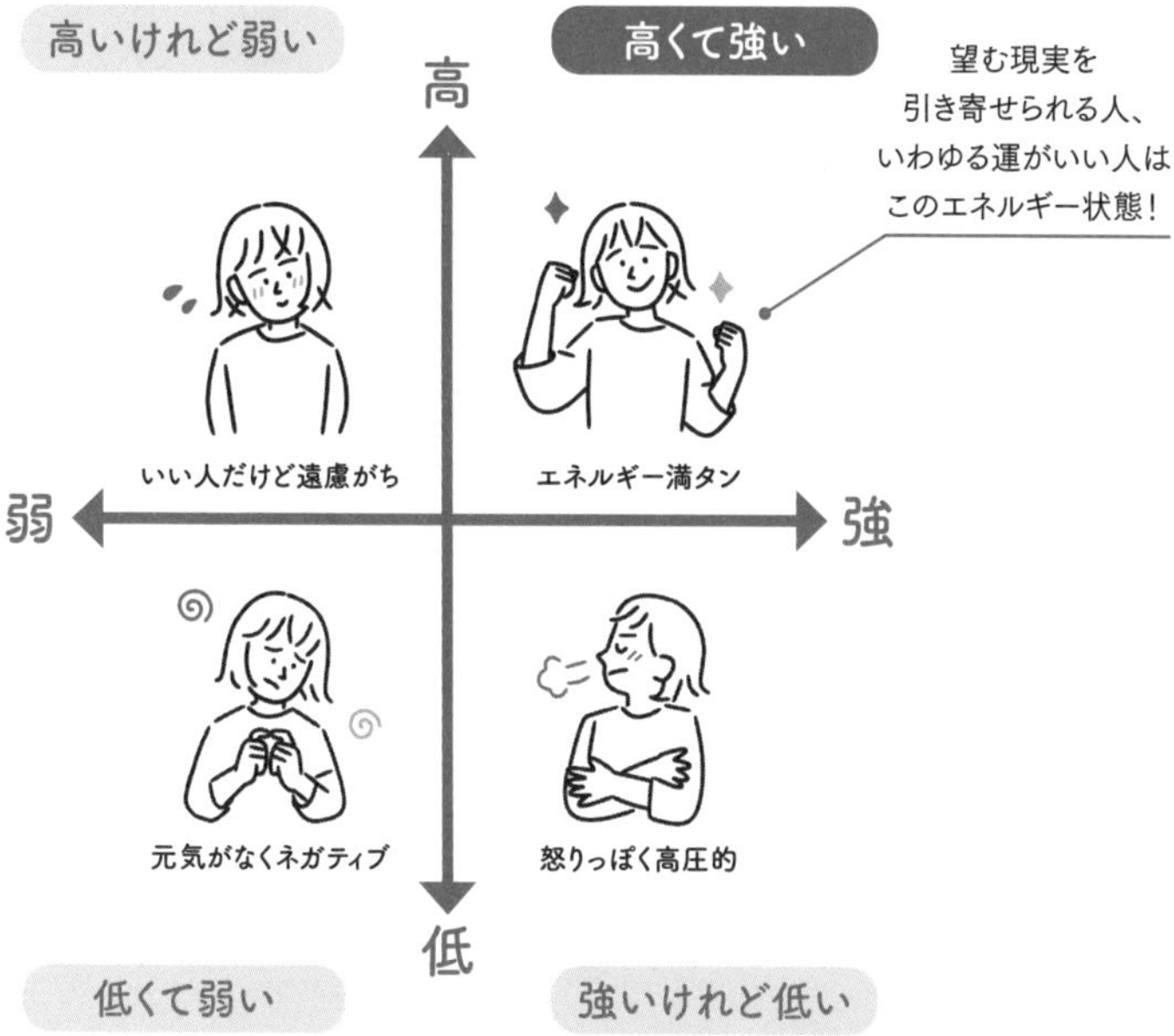

自分の気分次第でエネルギーの状態は絶えず変化している。思いどおりに引き寄せたいなら、高くて強いエネルギー状態をできるだけ長時間持続しておくことが大切。

愛のエネルギーで生きる人は引き寄せがうまい

エネルギーが高くて強いとはいったいどんな状態なのか。この疑問を解消してくれたのは『パワーか、フォースか　改訂版』（デヴィッド・R・ホーキンズ著、ナチュラルスピリット）という本です。

人は「愛」か「恐れ」で生きている

この本ではエネルギーを17段階に分け、数値で表しています。これはまさに引き寄せ力のレベルと相対しています。

17段階のレベルは、エネルギー数値２００を境界に、大きく二つに分かれます。

◆200以上：「パワー」
◆200未満：「フォース」

パワーもフォースも日本語に直訳すると「力」となるので、「パワー＝愛」「フォース＝恐れ」と置き換えて説明されることが多く、本書でも「愛」「恐れ」という言葉を使っていきます。

エネルギーが200以上の「愛」で生きている人は、勇気があり、何事にも中立で、自分も他人も受容できます。だからいつも楽天的だし、どんな人とも理解し信頼し合えます。確かに、そのような状態なら仕事もパートナーシップも親子関係も、なんでもうまくいきそうです。さらにエネルギーが高まって、愛に満ちた人や出来事と引き合い続けると想像できます。

興味深いことに、この本には古今東西の偉人のエネルギーの数値も載っています。アインシュタインは499、ガンジーは760、釈迦やイエス・キリストは1000とのことです。

望む現実を導くのは、愛

エネルギーは引き寄せレベルと比例します。たとえば、エネルギーが75から200ほどの人がいるとします。200に近いときの気分はまずまずですが、それより下がると、怒りや恐怖に支配されます。自分同様に低くて弱いエネルギーどうしで引き寄せ合い、望んでいない現実から抜け出せません。一方で、200より高いエネルギーで生きている人は、いつも気分がよく、同じく気分のいい人や状況を引き寄せます。

どちらが望む現実を創りやすいか、言うまでもありません。

恐れではなく愛のエネルギーで生きると、望む現実を引き寄せやすくなります。愛こそが、望む現実を創造する源。**引き寄せの達人になるとは、エネルギーを愛のレベルへ底上げすること**なのです。

引き寄せ力を示すエネルギーの17段階

エネルギー	意識レベル
700 ～ 1000	悟り
600	平和
540	喜び
500	愛
400	理性
350	受容
310	意欲
250	中立
200	勇気
175	プライド
150	怒り
125	欲望
100	恐怖
75	深い悲しみ
50	無感動
30	罪悪感
20	恥

愛 引き寄せやすい
恐れ 引き寄せにくい

「愛」、つまり高くて強いエネルギーでいるほど引き寄せがうまくいく。

アインシュタインの「愛の発電機」

アインシュタインのような偉人たちは、単に知能指数が高く、特殊能力に秀でていただけではなさそうです。それよりむしろ、**愛のレベルが高かったからこそ、後世まで影響を与えている**のではないでしょうか。そのアインシュタインが娘に託したという秘密の手紙の存在を知っていますか。彼の死後20年間は内容を公表しないという約束で、ヘブライ大学に寄贈されたと言われる手紙です。

手紙の実在については諸説ありますが、印象的な内容なので、僕なりに意訳したものを紹介させてください。

相対性理論は当初、ごく少数の人にしか理解されなかった。それと同様に、世界中の誤解と偏見にぶつかることを覚悟で、真実だと確信していることを伝えたい。
現段階では科学では正式に説明できていない、極めて強力な力があること。すべてを含み、支配し、宇宙で作用しているあらゆる現象の背後に存在している力があること。その宇宙的な力とは、愛であること。

愛は引力であり、それによってある人に惹《ひ》きつけられる。
愛は最善のものを増殖させ、人類の絶滅を回避させる。
愛という力はあらゆるものを説明し、生命に意味を与える。
愛こそが宇宙の中で最大のエネルギーであり、愛には限界がない。

それぞれの個人が自分の中に強力な愛の発電機を持っていて、そのエネルギーは解放されるのを待っている。もし生命の意味を発見したいなら、愛こそが唯一の答えである。そして、いったん解放された愛は光速の二乗で増殖していく――。

あなたの発した愛は増幅して返ってくる

エネルギーにはもう一つ、絶対的な法則があります。

それは「発したものが返ってくる」というものです。**自分が愛に満ちたエネルギーを発すれば、愛に満ちた現実が返ってきます。**まるで光が鏡に反射するかのように。

このことから、引き寄せの法則は「鏡の法則」とも呼ばれます。

発したエネルギーが時間差で現実に

あなたの日常生活、接している人、体験しているすべてのことには自分の内側のエネルギーが映し出されています。

愛のエネルギーがたっぷりなら、希望に満ちたご縁や出来事が現実化します。反対に、恐れのエネルギーに偏っていれば、ネガティブな人が現れて悪い出来事が引き起こされます。

もちろん、鏡に当たって戻ってくるまでには多少の時間差はあります。でも確かに、内側で感じている世界が現実となって返ってきているのです。

思い当たることはありませんか？　会議で「発言を求められたくない」と思っているときに限って当てられたり、「あの人に会いたくない」と思っているときに限ってばったり会ってしまったり。僕も昔はよくありました。

心理学でも説明されることですが、たとえば「コップの水をこぼさないように」と注意されると余計にこぼしやすくなります。「こぼさないように」は、「こぼすかもしれない」という情報として潜在意識に残るからです。反対に「慎重にしっかり持って」と言われればこぼしにくくなります。同じように、「いってらっしゃい。事故に気をつけてね」と言われると、潜在意識に事故という言葉が残ります。「安全に楽しんできてね」と言われれば、安全のエネルギー、楽しいエネルギーが広がり、現実もそうなります。

自分がなにかを意識すると、自分にも、関わる人や出来事にも、そのエネルギーが影響し、現実が変わるのです。

フォーカスしたエネルギーが増える

心理学では、この現象のことを「随伴《ずいはん》性注意捕捉」と呼びます。たとえば「赤」を意識した途端、赤い色のものが目につくようになります。どんなことでも意識すると、それに関係する情報が目に入るようになるわけです。ということは、愛にフォーカスしていれば、愛がたくさん目に映ります。

これからは、自分からも愛を発するようにしてみてください。愛は、大きくなって返ってきます。

こうして愛が増殖すれば、気づけばあなたの世界はよいことばかりで満たされた状態になっているでしょう。

「でも、私の現実にはよいことがあまりない」と思うでしょうか。実は、愛も恐れも、同時に存在しています。自分がどちらのチャンネルに合わせるかだけの違いです。

たとえば今、公園にいるとします。ベンチに座って休憩しながら「癒やされるなぁ。自然があって、子どもの遊び声が聞こえて、幸せな時間だ」と思う人もいます。その真逆で「虫が多くて気持ち悪い。蚊に刺されそうだ。子どもの声もうるさいし、全然リラックスできない」と思う人もいます。

すべての物事がそうです。同じ出来事から愛を感じる人もいれば、恐れを感じる人もいます。

僕たちは常に、どちらを感じるかを自分で選べます。自分がどちらにチャンネルを合わせるかだけの話です。合わせたチャンネルのエネルギーが、愛なのか恐れなのか。それは、そっくりそのままあなたの現実に反映されます。だから、望むものに意識を向けておく方がいいのです。

ただ、無理やりそうしようとしても、なかなかうまくいきません。無理やりなんとかできるのは、顕在意識だけだからです。いわゆるポジティブシンキングでは現実がなかなか変わらないのは、いくら顕在意識がポジティブでも、潜在意識には恐れのエネルギーがはっきりと残っているからです。そうすると、いくらポジティブシンキングを続けても、無理がかかってどんどん苦しくなります。

もしこれまで、あれこれ引き寄せの手法を試してもうまくいかなかったなら、ここに原因がある可能性が高いです。

引き寄せがうまくいかないのはなぜなのか

では、どうやって「愛が溢れた心の状態」を創ればいいでしょうか。順を追って考えていきましょう。

うまく願わないと、不満が膨らむ

「幸せになりたい」「お金が欲しい」と願っていても、潜在意識では「幸せではない」「お金がない」と感じてしまうことがあります。恐れのエネルギーにいるときです。

恐れのエネルギーにいると、不足の方にピントが当たり、その不足感がますます引き寄せられてきます。だから「幸せではない」

「お金がない」状態がずっと続きます。

そこでよく推奨されるのが、願いが叶った姿を想像してその感情になるというイメージング法です。間違いではありませんが、いきなりやろうとするのは、かなり難易度が高いです。なぜなら潜在意識の領域で感じていることを、意図によって変えようとしているからです。

専門家の導きがあったり、ある程度エネルギーが整った状態で行うとよいのですが、表面的に手法だけなぞっても成功しづらいのが実情です。

外向きの努力だけでは逆効果

「幸せになるためには結婚しなければいけない。婚活しよう」「豊かになるためには収入を増やさなければいけない。勉強して資格を取ろう」と一生懸命に努力する。そんな風にがんばる姿勢も、願望実現においてもちろん大切なことです。でも、「望みを叶えるためには条件やノウハウが絶対に必要」という思いが強すぎて、**自分の外側だけに答えを探し続けると、焦りや不安が高まってしまいます。**まさに恐れのエネルギーです。努力しつつも、引き寄せの力も味方にしたいですよね。その方が願望実現はぐっとイージーモードになります。

自分のエネルギーを下げる要因を排除するのもよいことです。睡眠や運動に気をつけて健康状態をよくしたり、人間関係や住環境を変えたり、こうした外的要因を改善していくことも、おすすめしたい策の一つです。

ただ、いくら外的要因を変えたとしても、あなたのエネルギーレベルがそのままならば、一時的にエネルギーを上げることはできたとしても根本的な底上げにはなっていません。

せっかくジムに通い出したり、苦手な人とのお付き合いを断ったり、引越しや転職をしたりしても、エネルギー状態は不安定なまま。うまく引き寄せられない状態が続いてしまいます。

そもそも自己愛は最終ゴール

根本的解決としてよく言われるのが「自分自身を愛そう」ということです。確かに、自己愛はすべてのベースになる大切な要素です。しかし「よし！　自分を愛そう！」とがんばっても、自己受容感が低い人、自分責めの習慣がある人は長年の思考パターンからなかなか抜け出せません。

また、自己愛がこじれて「自分だけがよければ」という利己主義に陥っている人も、本当の意味で愛が溢れた状態とは言えません。

自己愛は本当に難しいテーマで、**自己愛を引き寄せ力の条件にするとかなり遠回りになります。**たとえるなら、スポーツを楽しみたいだけなのに、そのために、いきなりオリンピック出場を目指してしまうようなものです。

むしろ自己愛は、「引き寄せの副産物」「最終的に行き着くもの」くらいに捉える方が正解です。

対症療法はいろいろあるけれど

感動する映画を観たり、ペットや子どもを愛《め》でたりすることでも愛は溢れます。

五感に働きかけるのも有効です。好きなコーヒーや紅茶を飲んだり、アロマキャンドルを焚《た》いたり、音楽を聴いたり、散歩をしたり、ベランダに出て涼しい風に当たったり……。また、人間は水のエネルギーと親和性が高いので、お風呂やサウナ、シャワーやプール、手や顔をちょっと洗うだけでも、けっこうエネルギーが変わります。

ただし、言ってみればこれらは対症療法です。一時的な効果はありますが、引き寄せ力の強化にはこれだけでは足りません。

知らない人の幸せを祈れば全部うまくいく

僕も日々、エネルギーレベルが上がりそうな方法をあれこれ試しています。ちなみに僕はコーヒーとサウナが大好きで、多少のエネルギーレベルの低下にはこれで対処できます。

でも、大きな引き寄せという観点では、「それだけではいまいち現実が変わらないな……」と思っていました。

そんな中で、「これはすごい！」と思える手法があったのです。

僕自身、最も効果的で、最も簡単な方法だと実感したのでクライアントさんたちにお伝えするようになったら、皆さんもいっそう、望みの現実を引き寄せられるようになりました。

それが「知らない人の幸せを祈る」というアプローチです。

自分以外の人の幸せを願える状態こそが、引き寄せレベルが最も高いエネルギー状態だと、僕は確信しています。

純度の高い愛を発揮できる

ポイントは「知らない人」という部分です。

というのも、知っている人よりも知らない人に対しての方が、純度の高い愛のエネルギーが出るのです。身近な人だと、どうしても無意識のうちに、その人との過去のいきさつ、自分のメリット、デメリットを考えてしまいますよね。いい感情も悪い感情も混じりやすいのです。

心の底からピュアに、シンプルに、相手の幸せを祈ることが、知っている人が相手となると意外と難しくなります。

ところが、**自分と関係のない人なら、利害関係や先入観抜きで、**

ピュアな姿勢で、相手の幸せを祈ることができます。

安心してください。知らない人の幸せを祈っているうちに、だんだん「知っている人」の幸せも、偽りない純粋な心から祈れるようになります。

祈る対象が増えると、現実が変わる

最終的には、知っている人も知らない人も、好きな人も嫌いな人も全部含めた「みんなの幸せ」を願い、そのために小さなアクションも起こせるのが、究極のゴールです。

ただ、これをいきなり目指そうとしたところで、潜在意識がついてきません。

まずは、目の前にいる「知らない人」の幸せを祈ることから始めましょう。

そこからだんだん、知らないなりにも「少し関わりのある人」、次に「知っている人」、さらに「身近な人」の幸せを祈っていって、最後には「自分」の幸せも正しく祈れるようになる。そうして「みんな」の数がどんどん増えていって、あなたのエネルギーレベルは高く、強く、底上げされていきます。要は、外堀から埋めていく作戦です。

やり方は、この本一冊を使って詳しく伝えますが、まずは「知らない人」の幸せを祈ることを習慣にすると、エネルギーがどんどん愛の方に底上げされるのを実感できます。ほどなくして、明らかによいことがたくさん起き、願ったことが現実化するようになります。

臨時収入が入ったり、いい人と出会えたり、やりがいのある仕事が得られたり、健康になったり、思いがけないところから贈り物を受け取ったり……という報告を、クライアントさんたちからたくさんもらっています。

まさに「引き寄せ」です。

知らない人の幸せを祈る方法と具体例

「知らない人の幸せを祈るって、どういうこと⁉」と驚かれたでしょうか。では、詳しくやり方をお伝えします。

「知らない人」とは言葉どおり、たまたますれ違った人、ふと目に留まった人、テレビに映った人など、相手の素性をまったく知らない人という意味です。

そういう人に対して「この人が幸せになったらいいな」と願っていく。それだけです。

だから一年365日、朝起きてから夜眠るまでのどんなときでも、エネルギー状態をよくするチャンスがある！　そういうことになります。たとえば、こんな感じです。

◆散歩していてすれ違った小さな子ども。

この子は、親御さんにとってかけがえのない存在なんだろうな。元気に幸せに育ってね。

◆スーパーマーケットで買い物している人。

仕事を終えて、これから家族の夕飯を作るのかな。
仕事と家庭の両立、無理せずがんばれますように。

◆電車の中で参考書を見つめる学生さん。

受験生かな。線をいっぱい引いて熱心だな。
努力が報われて、望む未来に繋がりますように。

◆お散歩中の老夫婦。

長い年月を一緒に過ごしてきたお二人なんだろうな。
これからも仲よく長生きされますように。

◆たまたま乗ったバスの運転手さん。

ブレーキの踏み方がソフトで「停車します」の声もまろやか。
このまま一日、気分よくお仕事できますように。

◆コンビニのレジの店員さん。

表情が明るくていい感じ。楽しそうだな。
お客さんたちに喜ばれて、お店の売り上げも上がりますように。

◆テレビに映ったリンゴ農家さん。

収穫までにはいろんな作業があるんだな。
今年もおいしいリンゴがたくさん採れますように。

延々と書いてしまいそうなので、このあたりでやめておきますね。

とにかく周囲のあらゆる場所に、幸せを祈るチャンスはあります。本当に誰でもいいし、どんな風に祈ってもいい。人ではなく、ものでもOKです。一日何回とか、どんな風にしなければいけないといったルールもまったくありません。

なんなら祈る言葉は、「この人の人生が幸せでありますように」のような感じで、ワンパターンだって構いません。

知らない誰かの幸せを祈っているその瞬間、たとえ自分の置かれた状況で嫌なことがあっても、焦ったり困ったりしていても、フッとエネルギーが切り替わるのが感じられるはずです。

愛を探し、愛を祈る

結局、なにをしているかというと、愛を探しているのです。鏡の法則によって愛が跳ね返ってくるように、周りにある愛にフォーカスしているのです。

親子の愛。家族の愛。一生懸命に物事に取り組んでいる人の愛。なにかを楽しんでいる人たちの愛。働いている人たちの愛。

こんな風に探してみると、僕たちの日常にはいろんな愛がたくさん散らばっています。自分の人生に愛が感じられないときでも、視点を少しずらすだけであなたの近くに愛はたくさん存在していると気づけます。

その愛に意識を向け、「もっと大きくなってほしい！　増えてほしい！」と祈る。これが「人の幸せを祈る」という行為です。

直接自分とは関係ない愛でも、見つけて、フォーカスして、大きくなるように祈れば、その愛のエネルギーは鏡に反射して自分にも返ってきます。

誰かの愛を借りて、自分の中の愛も大きくできる。人の幸せを祈りながら、自分のことも幸せにできるのです。

✦行動を添えるともっといい！

心の中で祈るだけでも、愛のエネルギーは底上げできます。でも、同時に愛ある行動を添えると、さらに愛のエネルギーは高まり、強まります。

ほんの小さなことで大丈夫です。

◆赤ちゃんにニコッと笑いかける。

◆老夫婦に道を譲る。

◆バスにゴミが落ちていたら拾う。

◆店員さんの目を見て「ありがとうございます」と言う。

など、無理なく自分にできそうなことをやってみませんか。たとえば僕は、重い荷物を届けてくれた宅配業者さんにチップをお渡ししたり、お水のペットボトルを渡したりすることがあります。

自分以外の誰かを大切にする行為、愛ある行為は、巡り巡って自分に戻ってきます。その相手からとはかぎりません。まったく別のよいご縁ができたり、思わぬお金になったりして戻ってきます。人の幸せを祈りながら愛の貯金をしているような感覚です。

祈るだけならまだしも、行動するのは最初は恥ずかしいかもしれません。僕も目立つのは苦手なので、その気持ちはわかります。でも、少し勇気を出せば、だんだんそれが当たり前になってきます。

33ページのエネルギーの表を見てみてください。**勇気を出せるかどうかが、愛か恐れかのターニングポイントになっています。**

恐れのエネルギーでは、なかなか勇気が出せないものです。でも、愛を探したり祈ったりして、エネルギーを高めていくうちに、きっと勇気が湧いてくるはずです。勇気が出たら、リアルな行動として愛を表現してみると、さらに愛のレベルの上昇が加速します！

知らない人の幸せを祈るとなぜよいか

目の前の知らない人の幸せを祈ると、愛のレベルが上がります。僕の場合は半年くらいで次のような変化が現れました。これがどんな感覚か、ぜひご自身でも感じてみてください。

効果❶ 相手に寄り添える

偶然目に映っただけの人なのに、勝手に自分の家族のような感覚が湧いてきます。相手の立場になりきって温かい心で接することができます。

たとえばお店のレジで並んでいるとき、前の人が支払いでモタついていても、イライラすることがなくなりました。代わりに「慌てなくてもいいですよ」という感じで、優しく相手に寄り添えます。

昔の僕だったら、「順番が来る前に財布くらい出しとけよ」と思ったりしていたかもしれません。まったく愛のない状態ですよね。ところが、いろんな人の中に愛を探すのが習慣になると、**他者と自分の境界線が薄れていって、どんな人も自分の一部のような感覚になってきた**のです。

おかげで今では、誰に対しても愛が湧いてきます。知らない人の幸せを願っているうちに、自分の心の中にあるコップに、愛という水がチョロチョロと注ぎ込まれたような感じです。

効果❷ 仲間意識が湧く

小さな子どもとお母さん、バスの運転手さん、コンビニの店員さん……。みんなの愛を見つけて幸せを祈る習慣ができると、「誰もが、それぞれになにかを大切にしていて、そのためにがんばっているんだな。自分もそうだしな」というような、いわば「仲間意識」が湧いてきます。同じ国で、同じ時代を過ごしている同志のような感覚です。

考えてみれば、その人たちと自分が同じ時代に生まれたこと自体が、ものすごい確率です。たまたま街角でマッチングしたのは、もはや奇跡的な確率ではないでしょうか。

それを思うだけでも、「二度と会わないかもしれないけれど、お互い、幸せになっていこうね」という熱い気持ちに包まれます。

たとえば、一度でも旅行で訪れたことのある場所は、故郷でも居住地でもないのに愛着が湧いたりしませんか？　テレビで地名を聞いたりすると「あっ！」と嬉しくなったりしませんか？　それに似た感覚です。

効果❸　共同体感覚が得られる

そんな毎日を過ごしていると、祈り方がだんだん変わっていった自分がいました。

おもしろいことに、「この人が幸せになりますように」というだけではなく、「この人の愛が、もっと多くの人を幸せにしますように」と広がりを持つようになったのです。

「この人の愛のエネルギーが増えるといいな」
「そうなると、この人の家族の愛も増えるだろう」
「家族それぞれの友だちの愛も増えそうだ」

このように、愛の輪が大きくなっていって、祈りの視野が「目の前の知らない人」のさらに先に広がっていくようになりました。

そうしていつのまにか、「人類みんなでこの時代を創っていきたい！　みんなでもっとレベルアップしたい！　地球全体を幸せにしていけば、きっと宇宙全体の幸せにも繋がるはず！」という感覚が芽生えてきました。これこそが「共同体感覚」です。

共同体感覚は、『嫌われる勇気』（岸見一郎　古賀史健著、ダイヤモンド社）で広まったアドラー心理学のベースにもなっていて、同書では「幸せに欠かせないもの」と説かれています。

目の前の知らない人、日本全体、地球全体、宇宙全体……とみんなの数が増えれば増えるほど、愛のエネルギーは増幅します。それだけ引き寄せの力も強くなります。

ただ、今はまだ共同体感覚がわからないからといって、焦る必要はありません。焦って無理やり共同体感覚を持とうとしても、潜在意識が追いつかなければ無意味です。

まずは目の前にいる知らない人の幸せをしっかり祈って、徐々に感覚を得ていきましょう。

効果❹ 自分も愛せる

日本・地球・宇宙全体のみんなが幸せになるということは、その中にいる自分も幸せになるということです。それは本当の意味で自分を愛せるようになるということにほかなりません。

また、いろんな人の、いろんな種類の愛にフォーカスしていると、自分に対して「自分もこれでいい」「自分も幸せだし、恵まれている」という自己肯定感が上がります。

「自己愛を出発点にするのは難しい」と書きましたが、そもそもなぜ自分を愛せないのかというと、教育や社会の影響によって、他者と自分との比較のクセが植えつけられているからです。人の幸せを祈っていると、**他者との勝ち負けは関係なく「相手も自分も、どちらの価値も相対的なものではなく絶対的」**ということが心の底から理解できます。

なんといっても、みんなが幸せになるように祈ったり行動したりして、周囲への貢献感を覚えられるようになったら、自分を認められないわけがないですよね。

実際、コーチングの場面でも、クライアントさんたちは「人の幸せを祈っていたら、自分を愛していいんだと思えるようになりました」とよく言ってくれます。

人に対して「幸せになってほしい」と願う感覚は、自分自身が幸せになることを許可していくことでもあります。自分に許可できたら、完全に幸せを受け取る用意ができたということ。

特に「私なんかが幸せになっていいのかな」と潜在意識でブレーキが働いている人は、現実として投影されている他者の幸せを許すことから始めてみるのが効果的です。最初から自分を認めて受け入れていくのは難しくても、利害関係のない知らない人の幸せを祈ることなら簡単です。

効果❺ 引き寄せ力が上がる

いきなり共同体感覚や自己愛にまで到達できなくても、みんなのことを祈っていると「なんだか自分の人生もうまくいきそうな気がする」という感覚になってきます。**「あの人はきっと幸せになる。それなら自分だって、うまくいく気がする！」**と。

こういった「うまくいきそうな気がする」という気持ちは、たとえ根拠はないとしても、自分の未来を信頼できている証拠です。潜在意識レベルでもエネルギーがすっかり変わっています。だから、すでに望む未来を引き寄せ始めています。

また、知らない人の中に愛を探しているうちに、あなたは期せずして、大きなオマケを受け取っています。

誰かの中に愛を探したり幸せを祈ったりするたび、あなたの中には「自分はこういうときに愛や幸せを感じる」というデータがたまっていきます。

たとえば、電車の中でＬＩＮＥをしている女子高生を見た。そのＬＩＮＥの相手は素敵な人なんだろうな、いい関係が続くといいなとあなたは祈った。ということは、あなたはきっと、喜ばしいＬＩＮＥを送りあえる相手を求めている――。

世間の常識に惑わされて、「こんな条件で、こんな見た目の彼が欲しい」などと条件づけしていては、理想の彼を引き寄せることはできません。本心では「温かい言葉をやり取りできる相手がいい」と思っているのに、見栄や世間体から余計な条件づけをしていては、真の理想のお相手を遠ざけてしまいます。

でも、日々いろんな人たちの愛を祈りながら見つけた、あなたの本心からの理想の世界は、潜在意識で感じている願いと一致します。理想が明確なら、それを引き寄せるのは時間の問題です。

「みんなの幸せ」を祈ると宇宙に応援される

「みんなの幸せ」を祈ることで、仲間意識や共同体感覚が芽生えていくことを、心理学では「分離から調和へ」と表現したりします。

分離とは言葉のとおり、自分だけが切り離された状態です。大抵の恐れのエネルギーは分離がベースになっています。差別化したい、特別でありたい、よく見られたい、自分だけ豊かになりたい、自分だけがよければいい……というような。

反対に仲間意識、共同体感覚である調和は愛そのもの。「愛ってよくわからない」という人も、「愛って恋愛のこと?」と一部の感覚しか味わったことのない人も、「みんなの幸せ」を祈っていると仲間意識、共同体感覚の心地よさが体感として得られるはずです。

人は、深い意識の底でお互いに繋がっています。しかも、そのことを感覚的に知っています。だからみんなのことを祈っていると心地よいのです。これは「超意識」（詳しくは222ページ）と言われるもので、誰にでも備わっている感覚です。

ただ、忘れている人がほとんどです。なぜなら、僕たちはわざわざ分離を味わうためにこの世に生まれてくるから。そうやって、みんなが同じ生き方ではなく、それぞれの使命を果たすようになっているのです。

引き寄せの法則のような人智《じんち》が及ばない領域を、「宇宙」と表現する人がいます。宇宙は調和のエネルギーを後押しします。**分離した個人の成功より、「みんなの幸せ」に繋がる方を応援する**のです。

ちょっと考えてみましょう。どんなときに思わぬ額のお金を引き寄せやすいでしょうか。たとえば、パン屋さんの開業資金で1000万円欲しい二人がいるとします。Aさんは「自分のおいしいパンを食べて、地域の人たちが笑顔になって、その人がまた人を笑顔にして、みんな幸せになるといいな」と思っています。Bさんは「高級食パンが流行っているから儲《もう》かりそう。有名になって、人から羨ましがられたい」と思っています。

宇宙はどちらに1000万円を託すでしょう？　間違いなくAさんです。宇宙どころか、投資家やお客さんたちもAさんの店を応援するはず。そちらの方に愛のエネルギーを感じるからです。

現代の共同体の機能は超すごい

僕たちの暮らしは、共同体という単位抜きでは成り立ちません。今日も当たり前のように野菜を食べて、お肉もお魚も食べて、卵を食べて、お水を飲んで……それを全部自分一人の力でやろうとするとどんなに大変でしょう。野菜を育てる、動物を育てる、そのための土地を耕す、種を確保する、川から水をひく、雑草を除く、収穫する、保存する。そうして得た野菜や卵をサラダにするなら、さらに、油を搾る、塩を作る、お皿とお箸を作る……。

そういうプロセスなしにサラダを食べられるこの暮らしは、もし今が江戸時代なら、お殿様にも叶いません。

それを可能にしているのは、まさに共同体の力です。時代とともに共同体の機能が向上して、便利で豊かな日常が現実になりました。

それは**みんなの力であり、その共同体に貢献しようという多くの想いの結晶**です。

過去、なにをしてもうまくいかない頃の僕は、「自分だけが豊かになりたい」「人にすごいと思われたい」という、まさに分離に向かうモチベーションで生きていました。

それが、「僕の活動で誰かの人生が少しでもよくなるように」という調和のモチベーションを持てるようになってからは、すべてがうまくいっています。

愛が共鳴し、なにをしてもうまくいく時代へ

インターネットの普及、新型コロナウイルスの流行、それに伴うライフスタイルの大転換。そうした変化を経て、この時代は、「なにが心地よいか」「なにを正しいと思うか」の選び直しの真っただ中にあります。「自分だけがよければいい」という人や企業は、どんどん淘汰《とうた》されています。ＳＤＧｓの広がりを見ても、その傾向は一目瞭然です。

そうした動きと並行して、ＡＩが台頭し、第４次産業革命がやってきたといわれる中、「自分の価値はなんだろう」「生きる意味はどこにあるのか」という問いを持つ人も増えています。

誰にとっても心地よく、正しいと思えること。そしてロボットに

はない価値。人が生きている意味。それこそが「愛の実践」ではないでしょうか。

愛のレベルは着実に上がっている

人類が生まれて600～700万年といわれます。何百万年もかけて、人類は愛のレベルを上げてきました。それがこの2000年代になって、さらに速いスピードでステージアップしています。

恐れのエネルギーが制覇していた時代は、ガンジーやマザー・テレサといった一部の人だけが愛によって世界を変えようと奮闘していました。ですが、前述の『パワーか、フォースか』によると、現在の人類のエネルギーの平均は207とのことです。20世紀までの世界中で戦争が絶えなかった時代には、平均値が200を切っていたのが、人類全体のエネルギーはついに愛のゾーンにまで底上げされました。愛がある人が増え、そういう人どうしが繋がり合い、愛のエネルギーが共鳴し合うと、なにをしても、これまでよりもはるかにうまくいきやすくなります。

ただし、愛がない人は、そううまくは生きられません。これが本当の意味での「二極化」です。


あなたが今いる環境や状況によっては、「自分だけが変わるのは怖い」「人の幸せを考えるどころではない」と思わずにはいられないかもしれません。でも、勇気を出してください。あなたが先に愛を出せば、その愛は鏡に反射して、大きくなって必ず返ってきます。

あなたが誰かの幸せを願えたら、誰かがあなたの幸せを願っていることを確信できます。あなたが誰かを幸せにする行動ができたら、誰かがあなたを幸せにしようとしてくれることを信じられます。

この本があなたの手元に来たのも、引き寄せの一部です。もう望む現実の引き寄せは始まっています。あなたが愛の力を信頼できれば、よい展開はますます加速します。

WORK 01

「知らない人」の幸せを祈る①

「みんなの幸せ」を祈るのは、ワークとして一度やってみるだけでなく、日々の習慣にしてほしいです。

自分以外の幸せを祈るという感覚を得るために、まずは丁寧に、次の４つの項目をノートに書き出してみましょう。慣れるまでは、ワークをする時間帯を決めて、落ち着いた気持ちでノートに向かってみてください。

ワークを行うのは、寝る直前が最もおすすめです。寝る前にやれば、気持ちよく眠りにつけて、翌日を高い引き寄せ力で過ごせます。あるいは、朝起きた直後や、仕事を開始する前のタイミングもＯＫです。

1
その日（または前日）、目に映った知らない人を挙げる。

2
その人にどんな愛を感じたか、書いてみる。
（難しく考えず「なんかいいな」と思ったことでOK）

3
愛が拡大するよう、その人の幸せな未来を祈る。

4
その人を幸せにするために、
自分にできることを書き添える。

「知らない人」の幸せを祈る

○月△日

1　私の見つけた「知らない人」

タクシーの運転手さん

2　「知らない人」の愛

失くし物の心配をしていた僕に
失くした財布が届けられた経験を
話してくれた。

3　「知らない人」の幸せ

いつまでも元気で、
お仕事を続けられますように。

4　自分にできる行動

次回、タクシーに乗ったときに
車内にゴミが落ちていたら拾おう。

みんなのうち、最も簡単なのは「知らない人」の幸せを祈ることです。エネルギーレベルがまだ200未満だと自覚している方は、ここから始めてください。

あまり遠くないタイミングで、「今まで人にイライラしやすかったけれど、今は温かい心で接することができるようになった」「恐れではなく愛のエネルギーで過ごせている」などの変化を感じられるはずです。そうなれば、あなたのエネルギーのレベル、つまり引き寄せ力は、もう底上げされているということです。

また、「今日はエネルギーレベルが下がっている。愛を発揮しづらい」というときも、知らない人の幸せを祈ると、エネルギーの回復を促せます。

勘《かん》どころがつかめたら、ノートには書かなくて大丈夫です。一日をとおして、横断歩道で人とすれ違うたび、コンビニやスーパーでの会計のたび、誰かの姿が目に映るたび、心の中で相手の幸せを祈ることを実践するようにしてください。

第2章

お金を引き寄せる

あなたのお金は「みんなの幸せ」に繋がるか

ここからはお金、仕事、人間関係といった個々のテーマの引き寄せを見ていきましょう。

まずは、お金です。基本は第1章の内容と同じです。内側のエネルギーを底上げするために、引き続き、「みんなの幸せ」を祈ってみてください。なぜなら、お金もエネルギーの一種だからです。

お金はエネルギーを交換するツール

いきなりなにを言い出すんだ、と怪訝《けげん》に感じた人もいるかもしれませんね。

ですが、**お金にはエネルギーが宿っています。電子マネーや銀行残高といった情報も然《しか》りです。**

原始時代は、みんなそれぞれに魚を捕ったり山菜を採ったりしていました。

山で山菜を採っている人も、たまには魚を食べたくなります。もともとは物々交換をしていましたが、山菜も魚もずっと蓄えてはおけません。その代替価値としてお金が誕生しました。

山で暮らす人が海で暮らす人に対してお金を支払えば、魚を得ることもできますし、山菜を採るのを手伝ってもらうこともできます。労働に対する価値をお金で交換することもできるのです。そうやって、なんにでも変換できる共通概念として、お金が使われるようになりました。

魚も山菜も、素粒子で構成されています。魚が泳ぐのも、山菜が成長するのもエネルギーです。それを食べれば、カロリーというエネルギーになります。魚を捕るのも山菜を採るのも、労働というエネルギーが必要ですし、それを数えたり、数えた結果を伝えるのにもエネルギーを使います。「おいしいなぁ」と思うのも、内側のエネルギーが動いたからです。そういうあらゆるエネルギーをやり取りするツールとして、お金は使われています。

ですから「お金の循環」とは、イコール「エネルギーの循環」です。この捉え方こそが、お金を引き寄せる際の土台になります。

自分がお金を支払うときにお金に乗せるエネルギーも、自分がお金を受け取るときに感じるエネルギーも、やはり愛か恐れのどちらかです。お金が動くたび、愛か恐れのエネルギーが動いています。

愛を信じてお金を出せば大きくなって返ってきます。愛を感じる商品を買うとか、愛を伴う方法で労働するとか、僕たちはそんな風に愛を動かすことができるのです。

一方、恐れでお金を貯め込めば、その額が増えたとしても恐れはなくなりません。それどころか恐れも一緒に増殖するかもしれません。お金持ちでも幸せではない人がいるのはそのためです。

愛を伴うお金は複利で増えていく

以上が僕のお金に対する基本的な考えです。あなたのお財布には愛が詰まったエネルギーが入っているでしょうか。あなたの銀行口座は恐れの保管庫になってはいないでしょうか。

これまでは恐れだったとしても、お金のエネルギーも変えられます。これから愛あるお金の使い方をしていけば、愛を伴うお金の循環サイクルに入っていけます。すると、あなたが愛とともにお金を支払ったり受け取ったりした際のエネルギーは、それ以上になってまた戻ってきます。

そうしたお金の循環が繰り返されると、まさに複利で愛のお金が増えていく感覚になります。

必要でない額を引き寄せることはできない

お金に関しても、第1章でお話ししたのとまったく同じです。今が未来を創ります。今この瞬間のあなたのお金に対するエネルギー状態が、未来のあなたのお金のエネルギーを決めます。

あなたの心が愛に溢れていればいるほど、金銭的な豊かさを感じていればいるほど、それに応じて、未来の豊かさはますます引き寄せられてきます。

お金を引き寄せる3ステップ

そのうえで、望む額のお金を引き寄せるには、今からご説明する

3ステップを踏む必要があります。たとえば100万円を引き寄せたいとき、あなたはどうしますか。

まず「100万円欲しい」と願いを意図しますよね。なにかを引き寄せたいと考えているなら当然、全員がやっていると思います。でもこれは、3ステップのうちのたった1ステップめでしかありません。

次に必要なステップは、「その100万円は本当に必要か？」を明確にするというもの。なぜ30万円ではなく、500万円でもなく、100万円を引き寄せたいのでしょうか。

100万円を引き寄せようとしているAさんとBさんがいたとします。Aさんは「留学に行きたい。学費と旅費と生活費で合計100万円が必要」と考えています。Bさんは「なんとなく将来が不安だから」と言っています。この時点で、Aさんは100万円を引き寄せる可能性はじゅうぶんですが、Bさんは無理でしょう。

というのは、**お金の引き寄せでは「なぜその額なのか」をはっき**

りさせなければいけないからです。その金額である理由を人に明確に説明できるくらい、自分自身が納得しているかが肝心なのです。なぜなら宇宙では、必要なことしか起こらないからです。

僕のクライアントさんで「1億円引き寄せたい」と願っていた方がいます。「なぜ引き寄せたいのですか?」と聞くと、「離婚したいから」という答えでした。漠然と「1億円あれば困らないだろう」と思っていたそうです。

そこで僕は彼女に、離婚のために実際にはいくら必要なのかを、具体的に調べてもらいました。すると、その額は1000万円ほどでした。彼女は「1000万円を引き寄せたい」という願いに切り替えて、ほどなくして、本当に1000万円を引き寄せて離婚を叶えました。

このように、まず願いを意図する。次に、その金額でなければいけない理由を明確にする。そして最後のステップは、その金額を受け取る準備ができているかどうかです。

✦受け取る「器」が必要

たとえば僕は今100億円もらっても、恥ずかしながらなににに使っていいかわかりません。つまり、100億円を受け取る準備ができていないのです。でも、大企業の経営者や慈善家のような器の大きな人は、100億円の有効な使い道を明確に思いつくでしょう。**有効な使い道とは、「みんなの幸せ」に繋がる使い道**です。これがないと引き寄せは起こりません。

先のクライアントさんは、離婚してもっと前向きに幸せに過ごせば、仕事も人間関係も今よりもっとうまくやれる、周りの人を幸せにできる、とはっきり確信していました。このように、受け取る準備ができていればお金は引き寄せられてくるのです。

お金に対する
ネガティブな思い込みを手放す

内側のエネルギーを底上げしながら、願いを意図して、金額を明確にして、受け取る準備をする。これはお金の引き寄せを加速させるアクセルです。

一方で、引き寄せを邪魔するブレーキを外す必要もあります。ブレーキというのは、潜在意識の「ブロック」です。

ブロックとは、ネガティブな思い込みのことです。幼少期から今日までに、あなたが見たり聞いたり体験したりして得た情報によって形成されたものです。

たとえば、記憶にもないくらい小さい頃に体験したこと、家庭環境、親の一言などが強く影響している人。あるいは、大きくなってから投げ込まれた競争社会の中で、人の持っているものと自分の持っているものを比較するクセがついてしまった人。消費社会の影響で、過度の不足感に煽《あお》られている人もいるでしょう。

ブロックの形は人によって異なります。

以下は、よくあるお金のブロックの例です。思い当たるものはありませんか？

◆お金は貯めなければいけない
◆お金の話を人にするのは恥ずかしい
◆お金は必死にがんばらないと得られない
◆誰かが得すると、自分は損する
◆自分以外の人がお金持ちになるのはくやしい
◆お金持ちは悪い人
◆お金は自分でコントロールできない

あなたは「当然そうだ」と思い込んでいるかもしれませんが、そうではない意識で生きている人もおおぜいいます。

愛のエネルギーでブロック一掃

実は、ここまでにお伝えした考え方に納得できれば、どのブロックもう手放せるのです。

たとえば「お金はエネルギー」という考え方ができれば、「誰かが得すると、自分は損する」というブロックは外れて、ウィンウィンでお金を交換できます。

鏡の法則を信頼できれば、「お金は必死にがんばらないと得られない」というブロックも外れます。この法則のもとでは、支払ったお金は大きくなって返ってくるからです。

共同体感覚でお金を見ることができれば、「お金は貯めなければいけない」のブロックが外れます。お金はみんなと分かち合うもの、みんなのために有効に使うもの、と考えられますよね。

「自分以外の人がお金持ちになるのはくやしい」というブロックも、同じく、共同体感覚で外せます。人の豊かさを心から祝福できないとしたら、それは自分が豊かになることを許可できていないのと同じ。あなたの潜在意識では、自分が豊かになることも嫌だと思っています。他者とか自分とか境界を設けずに、みんなで豊かになればいいと思えるようになると、このブロックは消えます。

究極的には、**「愛のエネルギーさえあれば、自分でお金をコントロールできる」**と気づけば、お金に対するネガティブな思い込みは、全部手放せます。

こんな風に考えられるようになった最初の転機をくださったのは、僕の大学生時代の教授たちです。

仏教学の先生たちは、よく「あの世にはなにも持っていけない」とおっしゃっていました。

どれだけお金を貯め込んでも、よい家に住んでも、よい車に乗っても、所詮すべて借り物だというのです。

何度もその言葉を聞くうち、僕も自分がなにかを所有することへの執着がどんどんなくなっていきました。

最近では仏教に興味がある人だけに限らず、多くの人が所有よりもシェアを選んでいます。シェアリングエコノミーという言葉もよく聞くようになりましたよね。住まいも、家具や家電も、車や自転車も、服やアクセサリーまで、所有せずとも、必要なときに借りられます。

もしかするとこの現象も、人類の意識レベルの平均値が上がっていることと関係しているのかもしれません。

お金の受け取り拒否は愛と感謝の拒絶

ブロックがあるのは、意思の力でコントロールするのが困難な、潜在意識の領域です。でも大丈夫。コツさえつかめば、誰でもちゃんと外せます。これから一緒にブロックを解除していきましょう。

お金のブロックは、

◆受け取るブロック

◆支払うブロック

の二種類に分かれます。

支払うことへのブロックがあると、一見、お金が貯まりそうだと考えられるかもしれません。でも、このブロックがあると確実にお金を遠ざけます。

また、「受け取るブロックなんてない」と思うかもしれませんが、このブロックのない人の方が少ないくらいです。

僕が副業で動画やセッションを始めたばかりの頃のことです。自分の内側の状態をよくして、愛あるお金の循環を意識して……。その結果として、入ってくるお金の量は、増えたといえば増えていました。

ですが、胸を張れるほど増えていたかというと、増えた額は「そこそこ」程度だったのです。

たくさんお金を受け取るのは罪？

今ならわかります。当時の自分には、お金を受け取ることへのブロックがあったのです。

クライアントさんが「もっと払います」と言ってくれても、「ありがとうございます」と素直に受け取ることができず、「いやいや、結構ですよ（汗）」と言ってしまう。

無意識のうちに「必要以上にお金を受け取るのは罪だ」というブロックが働いていたのです。小さい頃に祖父から聞いていた、「慎ましく、堅実で、質素な生き方こそが正しい」という言葉を引きずっていたのかもしれません。

あなたにも同じようなブロックはないでしょうか。そのブロックは自分の価値の過小評価です。しかも、**誰かがせっかく差し出してくれる感謝のエネルギーを拒絶している**とも言えます。

僕はこのブロックを意識的に外していきました。

もともと僕は、クライアントさんに対する体験セッションを無料でやっていました。そこから思い切って1回500円にしました。当時の僕にはこれでも大きなブロック解除でした。

その次のブロック解除の際は、自分の勇気を起こすために、クライアントさんに「今回のセッションの価値に値段をつけるとしたらいくらですか」というアンケートを取りました。

もしかするとお世辞も入っていたかもしれませんが、皆さんが僕のセッションに少なくとも500円以上の価値を感じてくれていることがわかって、僕の中で徐々に、「たくさんお金を受け取るのは罪だ」というブロックが外れていきました。

ここまで来られたら、その後はぐっとブロックを外しやすくなりました。クライアントさんの満足度をその後もこまめに把握し、同業者の相場も見ていって、最終的には、500円の頃と比較して100倍以上のお支払いを受け取れるようになりました。

お金という形でクライアントの皆さんの愛と感謝を受け取ることで、僕もますます大きな愛のエネルギーを発揮できるようになったと実感しています。

受け取って当然という環境に身を置く

そのプロセスと同時に、ほかにも受け取る練習をいろいろやりました。たとえば、不用品をフリマアプリで売ったり、ネットのスキルマーケットに登録して電話相談に挑戦したり、知り合いの紹介でバイトをさせてもらったり。

そうやって「お金を受け取って大丈夫」という状況に身を置くことで、受け取りへの抵抗感をなくしていったわけです。

もとはといえば僕も会社員でしたから、決められた額の給料を毎月受け取る、という経験しかしていませんでした。そのときの僕は「年収は望めば望むだけ受け取ることができる。青天井だ」などと自己啓発やスピリチュアルの本に書かれているのを読んでも、「いやいや、無理だろう」と思っていました（笑）。

だから、まずはその思い込みを外すために、会社以外からお金を受け取る体験を積んだのです。

また、豊かな感覚で生きている人のコミュニティに積極的に飛び込むようにしました。豊かな人たちと接してみてびっくりしたのは、自分が抱えているようなブロックが彼らにはまったくなかったという事実です。それを目の当たりにしたら、自分も豊かになることを許可できました。

当時の僕にとってはかなり背伸びした体験でしたが、先輩たちの影響で僕のブロックも急速に外れていきました。

受け取ることへのブロックがない人たちには、支払うことへのブロックがありません。損得や勝ち負けという感覚もありません。

そういうブロックのない人たちどうしで引き合っているから、そのコミュニティではますます豊かな循環が起きています。

お金を支払ったその先に愛が広がっていく

今度は、支払うというエネルギーについて考えてみます。

支払うのは自分が買った商品やサービスに対するお返しです。感謝の印として、お金というツールを使ってエネルギーを渡すわけです。そのエネルギーもいずれ大きくなって返ってきます。恐れではなく愛のエネルギーに、意図的に切り替えていきましょう。

「その愛、見つけましたよ！」

僕にとってなにかにお金を支払う行為とは、投票のようなものです。選挙で投票するときに、損だという感情は出てきません。お金を支払うときの感覚もそんな感じです。
この企業に一票、あの人に一票、この商品に一票、サービスに一票……という風に投票すべき「愛」の発信源を見つけて、自分の「その愛、見つけましたよ！」という思いを託しながら、相手を応援するのです。

たとえば同じようなクオリティの商品が二種類あったとして、多少の金額差だったら、製造や販売に関わっている会社や人の姿勢に愛を感じる方に一票を投じたいと思っています。

僕から流れ出ていったエネルギーが、この世界をもっとよくしてくれるように。

自分がお金を支払ったその先に、愛が広がっていくかどうかを、僕はいつも考えるようにしています。僕のお金、すなわち愛と感謝のエネルギーを受け取ってくれた相手、その商品に関わる人たち、そしてその家族や友だちも、みんなが幸せになるお金の使い方をどんなときも忘れないようにしています。

もちろん「同じものなら、安い方がいい」という気持ちがまったくないわけではありませんが、優先順位としてはかなり低めです。金額の多寡を考えて、そのせいで愛の循環が弱まったり止まったりする方が残念だからです。

江戸時代から活躍した近江商人の哲学に「三方よし」という言葉があります。「売り手よし、買い手よし、世間よし」という考えです。今も、偉大な経営者や長く繁栄し続ける会社は、必ず共存共栄を旨としています。

世間よしとは、まさに「みんなの幸せ」です。

なにかものを買うとき、それが「世間よし」だと納得できる商品なら、商品に関わったおおぜいの人たちへの感謝や応援として気持ちよくお金を払えます。

もちろん、売り手の意識が実際のところどうなのかを、関係者一人ひとりに確認することはできません。でも自分の想像の世界で、生産者さんや販売員さん、輸送してくれた人たちがニコニコしていたら、それで正解だと考えます（ここで、知らない人たちの中に愛を探してきた経験が役に立ちます！）。

愛を感じる日用品を使う

現代人の多くは、ものを買うときにコスパばかりを気にしすぎているように見えます。でもそれだけでは損得の世界から抜け出せませんし、支払うことへのブロックも外れません。

損得ではなく「愛が広がるか」という基準でお金を使えるようになるために、今日からやってみていただきたいことがあります。

「安いし、これでいいか……」ではなく、「愛を感じられる。これがいい！」と思える商品を選んでみませんか。

いきなり暮らしの全部を「これがいい！」に切り替えるのは大変なので、まずはこれだけは妥協しないというものを、一つだけ決めてみましょう。

たとえば、僕は会社員時代から、メモを取るのが好きだったので、ペンだけには投資していました。その次に投資したのはコーヒーカップです。仕事の合間のリラックスタイムを豊かな時間にしたいと思ったからです。

このように、①毎日使うものやよく目にするもの、②自分の好きなことに関わるもの、③リラックスやリフレッシュに関係するものあたりから始めてみるのがおすすめです。

愛を感じられるもの、お気に入りのものに触れていると、豊かさのエネルギーが体に染み込んでいって、自分からも豊かさのエネルギーが発せられるようになります。そうなればエネルギーが増幅して跳ね返ってきて、さらに多くの豊かさを受け取れます。

「お金が減った」ではなく「愛を受け取った」

現代では当たり前のことですが、金額は数字で表されます。でも、その数字は幻想です。人が直感的に金額を把握できるように使われているだけの記号です。

数字の増減ばかり気にしてしまうクセは、もうやめてもいいのではないでしょうか。

値段以上の価値に気づけるか

お金を支払ったとき、僕たちは必ず、なにか素敵な体験、愛のある体験を得ています。

お財布から「お金が減った」という部分にフォーカスするのか「愛を受け取った」という部分にフォーカスするのかを、僕たちは自由に選べます。同じ出来事に対して、愛にフォーカスするのか恐れにフォーカスするのかを選べるのと同じです。

なにに目を向けるのかによって、人生の質はまるで違ったものになります。

たとえば僕が1200円のパスタランチを食べたとします。家でパスタを茹《ゆ》でて食べれば500円もかかりません。このとき僕は1200円－500円＝700円を損しているでしょうか？

僕は全然そんな風には思いません。そのお店のスタッフさんの対応、シェフの腕前、特別な食材、心地のいいインテリアやBGMなどから、たくさんの愛を受け取っているからです。家で昼食を食べていたら、けっして得られなかった体験です。

たくさんの愛を受け取れたと思えたなら、それはまさに「お値段以上」のランチです。

同じランチを食べて、「こんなにお金が減った」とガッカリするのと、「こんなに愛を受け取れた！」と幸せと満足を実感するのと、どちらが自分のエネルギー状態をよくするかは言うまでもありませんよね。

特別ランチで愛の循環を実感

ときどきちょっと背伸びして、愛と豊かさに溢れる世界に触れてみてはいかがでしょうか。

僕は会社員時代、**給料日には、いつもよりも倍の金額のランチを食べるようにしていました。**会社から給料という「愛」を受け取り、その愛を社会に循環させている自覚を持ちたくて、続けていた習慣です。

最初のうちは「こんなに贅沢していいのかな」「もったいないかな」と躊躇《ちゅうちょ》する気持ちも、多少はあった気がします。でも、普段よりまとまった額のお金を払うと、それだけ、大きな愛が動くのを感じられました。それは自分にとって、とても満ち足りた体験でした。

給料日の特別ランチは、何度か繰り返すうちにいっさいの抵抗感がなくなって、「自分には豊かさを受け取る価値があるし、愛を循環させる力がある」と確信できるようになりました。

そもそもお金は、貯めるためのものではありません。単なる手段であり、道具です。

お金自体が目的となってはいけないわけです。そうではなくて、大事なのは、お金を使って自分がなにをするのか。どういうエネルギーを世界に循環させるのか。

その真理を納得できないうちは、もし巨万の富を築いたとしても、けっして幸せにはなれないでしょう。

受け取る価値にフォーカスすると幸せが増す

受け取る価値にフォーカスできるようになると、「自分はこんなにも得ているんだ」「こんなにも幸せなんだ」と自覚する機会がものすごく増えます。

このことを古代中国の思想家、老子は「足るを知る」という言葉で表しました。

足るを知ると、お金を手元に留めておかなければという強迫観念が薄れていきます。だんだん物欲もなくなって、今あるもので満足できるようになります。必要最小限のものだけで暮らすミニマリストたちが幸せそうに見えるのも、きっと足るを知っているからです。

余計な物欲から解放されると、自分以外の誰かの幸せを願う余裕も生まれて、分かち合いの精神で生きられます。

縄文人には「不足」がなかった

縄文時代は、みんながリスペクトし合って愛に溢れた世界だったと言われています。なにもため込まず、そのときそこにあるものを、そこにいるみんなで分け合って生きていた。お金や財産などなく、互いの持ちものや境遇を比較することもなく、見栄も競争もない。周囲の人とただ助け合って生きる。縄文人たちには、「不足」という概念がなかったようです。

僕らのＤＮＡにも、その精神は刻まれているはずです。「みんなの幸せ」を願えるのは、太古から人間に備わっている機能の一部なのではないかなと僕は考えています。

WORK 02

「知らない人」の幸せを祈る②

第1章の最後で紹介したワークとは別のアプローチで、もう一度、知らない人の幸せを祈ってみましょう。

なにか素敵なものを買ったりサービスを受けたりしたら、その商品やサービスに関わってくれた誰かの幸せを祈ります。基本的なやり方は、第1章のワークと同じです。

まず、商品やサービスがあなたのもとに届くまでのプロセスを丁寧にイメージしてみましょう。企画、生産、輸送、販売……。多くの人の愛のエネルギーのおかげで、商品はあなたのもとに届きました。あなたはお金を支払って、愛を返しました。愛のやり取りにフォーカスし、愛が増幅していく未来をイメージしてみてください。

1
最近、お金を支払った場面を思い浮かべ、
その商品やサービスが自分に届くまでの過程に
関わった人（知らない人）を
できるだけたくさん書き出す。

2
1のうちの一人について、
どんな愛を感じたか書いてみる。

3
愛が拡大するよう、その人の幸せな未来を祈る。

4
その人を幸せにするために
自分にできることを書き添える。
できれば実際に行動してみる。

「知らない人」の幸せを祈る

○月△日

1　私の見つけた「知らない人」

素敵な商品やサービス

ランチに食べたグラタンのチーズがすごくおいしかった。

関わった人

牛を育てる酪農家さん、牛の飼料の供給者さん、搾乳機の製造メーカーの人、チーズ工場の人、物流業の人、レストランのシェフ、オーブンのメーカーの人……。

2　「知らない人」の愛

酪農家さんが愛を込めて牛を育てている。

3　「知らない人」の幸せ

ずっと好きなお仕事を続けられますように。

その家族が幸せでありますように。

4　自分にできる行動

また、あのグラタンを食べにいこう！

この例の場合では、おいしいグラタンを食べられることへの感謝と喜びがますます大きくなり、さらに愛に溢れた状態になります。さらに、「お金を払う」と「愛を発信する」の二つの行為がリンクするので、お金との関係性もいっそうよくなります。そうなれば、手にするお金も愛のエネルギーも、複利のように増えていくでしょう。

「この商品に関わってくれた人たちは、本当に愛を込めて働いているのかな？」という疑いは無用です。たとえその人たちが、お金儲けだけのために働いていたとしても、それは家族を幸せにするためのお金儲けかもしれません。アイドルの推し活のためのお金儲けかもしれません。それもまた、その人から家族やアイドルに対してのりっぱな愛の循環です。

勘どころがつかめたら、こちらもノートには書かなくて大丈夫です。おいしいものを食べたとき、素敵な商品を買えたとき……一日をとおして何度でも心の中で実践してください。

第3章

仕事で引き寄せる

その仕事で
あなたの愛を発揮できますか

「仕事選びで重視すること」というアンケートがよくあります。仕事内容、勤務地、給与、勤務時間・曜日などの項目と一緒に「愛が発揮できる」という選択肢が当たり前に並ぶ時代もそう遠くない気がしています。

愛があると仕事の質も高まる

昨今、ＳＤＧｓへの取り組みに力を入れる企業が増え、「利益のために誰かを不幸せにしない」という、いわば「みんなの幸せ」を叶える経営は次第に定着しつつあります。

その一方で、働く側には「仕事＝苦しいこと、やりたくないこと」といった、幸せではない意識がまだ根強いようにも感じられます。

◆給料は我慢料だと諦めて、自分の時間を差し出す
◆心底やりたい仕事で理想の人生を引き寄せていく

これから、どちらで生きていきたいですか？　これも自分で選べます。環境や能力は関係なく、やはり内側の問題です。カギになるのは、**「みんなの幸せ」に貢献したいという、愛のエネルギーがあるかどうか**です。

大工さんの例で考えてみましょう。「自分が建てた家で何十年も人を笑顔にしていくんだ」という思いの人と、単に「労働の対価を得る」という目的で働く人とでは、愛がまるで違います。愛があると、その仕事に注がれるエネルギーの質が変わるので、できあがった家にも違いが出ます。

なにより、本人の中にやり甲斐《がい》や誇りが生まれるでしょう。「誰かに喜ばれている」「よい世界を創っている」という貢献感は、相手を幸せにしながら、自分も幸せにできるのです。

どんな仕事でも同じです。**条件やステイタスだけでなく「自分の愛が発揮できそうだ」という理由で仕事を選ぶ**のが当たり前になれば、一部の景気のいい業界や有名企業だけに就職希望が偏ることもなくなるでしょう。

✦ 人の価値は相対的なものではない

人は、権威や肩書きに弱いところがあります。権威や肩書きに頼って、メジャーな部類に属する方が安全を感じます。これは、一種の生存本能のようなものです。

これまでの教育や社会構造は、人と比較して優劣を競う「分離の感覚」を植えつけるものでした。この時代でもまだ、ライバルどうしで競い合わせ、ライバルよりも少しでも上に立とうとさせ、そういうモチベーションによってより大きな力を出させようとする仕組みが幅を利かせています。

でも、そんな感覚は思い切って手放しましょう。なぜならあなたの価値は相対的なものではないからです。なにかと比べて優れている必要はありません。今のままのあなたで絶対的な価値があります。

僕も会社員時代は、査定を気にしたり、ライバル企業の業績を気にしたりしていました。でも今、みんなに貢献するという視座に立ってみると、なんて狭いところしか見ていなかったのかと思います。

そうした価値観から僕がどう抜け出したかというと、やはり「みんなの幸せ」を祈ったおかげです。

自分以外のみんなの中に愛を見つけ続けていると、当然どんな人にも価値があり、その価値には優劣がないと感じられました。そんな優劣のつけられない価値があるのは自分も然りです。

この感覚を持てたおかげで、僕は終わりのない競争から抜け出せました。自分の意識が競争をやめれば、相変わらず競争せざるを得ない環境にいても、それを恐れる自分はいなくなりました。

するとエネルギー状態がよくなって、パフォーマンスが上がり、かえって社内でも高く評価されるようになりました。

人の原動力は愛！

仏教には「自我《じが》」と「真我《しんが》」という言葉があります。

自我は他者と分離した自分で、エゴともいいます。「人よりもっと優れていたい」「人より豊かな生活をしたい」という自分本位の欲望です。

真我は高い次元の自分です。「愛ある世界にしたい」「みんなが幸せな世の中がいい」といった、魂の欲求です。

僕にも自我はありますが、自我に振り回される自分を、真我の自分が上から観察するような視点も持つように心がけています。

自我の幸せは、自分一人の幸せです。真我の幸せは、みんなに及ぶ幸せです。幸せにできる人の範囲が圧倒的に広がります。範囲が広がっていくほど自分から湧いてくるエネルギーも高く、強くなります。

自分一人でがんばるのが難しくても、家族のため、チームのためならがんばれたりしますよね。人の原動力になるのは最終的には愛です。愛ある世界を実現するために宇宙も人に仕事を託しています。

あなたの愛を自分のためだけに使うのか、家族の生活のためなのか、会社なのか、地域、社会、地球のみんなのためなのか。

今の仕事について、みんなにどう貢献できるかという観点で見つめ直してみてください。また、これから就職、転職、副業や独立をするなら「この仕事で、世の中をどんな風によくできるか」という視点を忘れずにいてもらえたらと思います。

よいエネルギーは
けっして枯れることがない

会社員になったばかりの頃の僕には、仕事と愛を結びつけるなんていう発想はまるっきりありませんでした。

それが、引き寄せの勉強をして、エネルギーを高くして、仕事に利他《りた》の精神を取り入れるようになったら、驚くほどにすべてがうまくいくようになりました。利他とは他者の利益。「みんなの幸せ」を願う気持ちそのものです。

利他の愛で現実が変わった！

「みんなの幸せ」のために自分にはなにができるか考え、行動していると、本当に**自分が発したエネルギーが、お金やご縁や物品など、あらゆる形で戻ってきました。**

利他の精神で全力で仕事に向き合うと、給料以外の形でも、嬉しい出来事が舞い込んでくるものです。「この備品、新品だけど置き場がない。持って帰っていいよ」と、たまたま高級布団をもらったこともありました。ちょうど、布団を新調しようと考えていたタイミングでの出来事でした。

会社勤めだと、がんばろうが楽をしようが、給料にはそれほど差はつかないかもしれません。でも、だからといって、手を抜いたり、「だるいなー」と思いながら仕事をしていると、自分の本来のエネルギーがどんどん小さくなってしまいます。

こんな経験はないでしょうか。「面倒くさい」と思いながらダラダラ仕事をすると、終わってからドッと疲れたり。逆に「できることを精いっぱいやってみるか」とモチベーションを高めてがんばると、「あれ？　なんだか今日はエネルギーがあり余ってる」と思えたり。労働に使ったエネルギーが多くても、自分のエネルギーが高くて強ければ、エネルギーは枯渇しないのです。

手を抜くと、逆に損する

エネルギーの出し惜しみは、逆に、エネルギーの浪費にしかなりません。

誰しも、体調にもメンタルにも波があって当然ですが、落ちているときでも、手を抜くのは損です。手を抜くよりも、できることを精一杯やっている方が、不思議と仕事がサクサク進んで、「だるい」という気持ちも吹き飛んでいきます。

目の前のことに全力で取り組もうと決めてから、社内での反応が徐々に変わっていきました。「最近いい感じだね。ちょっと新しい仕事やってみない？」と、心の中で希望していた部署への異動のオファーをもらえたりもしました。自分から手を挙げたわけではなかったので、まさに引き寄せたような感覚ですが、「エネルギーの状態に合わせて現実が最適化した」と言えます。

よいエネルギー状態の人には、さらにその状態が続くように宇宙の采配《さいはい》があります。

僕のクライアントさんでは、仕事を本気でやるようになったら臨時収入を得たという方や、突然、家を相続したという方もいます。職場の人とお付き合いが始まって結婚に繋がりそうだという方もいました。

他の人が手を抜いていても、自分はいつも全力で取り組みましょう。初めのうちは損をしているように思うかもしれません。でも時間差で、ちゃんと愛のエネルギーは増幅して返ってきます。

その結果として、今より上のステージに行けたり、収入やご縁が引き寄せられたりするのです。

苦手な人には自分から歩み寄ってしまう

仕事で気分が下がる理由は大抵、人間関係にあります。嫌いな同僚、相性の悪い上司、苦手な取引先……僕も経験があります。

そういう相手に対しては、知らない人のように素直に幸せを祈れないし、つい逃げたり無視したりしたくなります。でも、そういう姿勢はやめた方がいいです。

大丈夫、やめられます！

「嫌だな」を感じているのは自分

あなたが誰かのせいで気分を乱しているときこそ、自分の内側に集中し、愛のエネルギーに立ち戻りましょう。

そのための最短距離は、苦手な相手に歩み寄る姿勢です。「なんで私から！」とモヤッとするかもしれませんが、**相手のためとか会社のためとか思わなくていいので、自分のエネルギーのためだと思ってやってみてください。**

とりあえず、感じよく挨拶するとか、どうでもいい雑談を振ってみるとか、小さなことで構いません。それだけのことでも、不思議と自分の方の気分は変わります。しかも自分からそうしていると、相手の反応は案外、気にならなくなるものです。

誰かのことを「嫌だな」と思う理由には、いろいろあるかと思います。感じが悪い、高飛車、威圧的、仕事ができない、迷惑……。ですがこれ、どれも「自分がそう感じている」だけ。そう感じる心の奥には、ほとんどの場合、優劣や競争の感覚が巣くっています。

人にはそれぞれよい部分もあれば欠けている部分もあります。その凸凹《でこぼこ》したピースをはめながら、パズルのように大きななにかを完成させようとするのが組織です。

優劣が気になるとしたら、それは相手のよい部分（あるいは悪い部分）と、自分の欠けている部分（または優れている部分）を比較しているということ。

それは、誰にとっても意味のない比較です。

会社もチームも、一種の「共同体」

「プレーヤーとしては断トツだけれど、人を育てられない」という人もいれば、「この仕事は苦手だけれど、コミュニケーションで組織を円滑に支えている」という人もいて、それでこそチームは強くなります。

一緒に働く人たちはすべて、ライバルである前にさまざまなピースを埋める仲間です。

「みんなの幸せ」を祈っていると、この感覚が絵空事ではなくなります。会社というコミュニティも一つのパズルのような共同体で、日本人という括《くく》りでも共同体、この時代に生きている人類としても共同体。各人が得意を持ち寄り、支え合い、パズルは完成します。

もちろん人を相手にするのは難しいです。相手がかなり「恐れ」寄りの低いエネルギー状態に陥っている場合、あなたのアプローチが変わっても、相手の反応はすぐには変わらないこともあります。

でも、それさえも相手のせいではなく、自分の課題。「自分は正しい、相手が悪い」というのは、まさに分離の意識です。

僕の場合は、「たまたまその人とチームになったということは、この厄介な相手を攻略すべきミッションが自分に課されているのだな」「どういう角度から向き合ったらクリアできるかな」というようなゲーム感覚でチャレンジしました。

仲間と愛を共鳴させ合う働き方へ

もう少し、僕の会社員時代の話を続けます。

自分だけ↓部署の仲間↓会社全体↓社会全体……という風に、視座を高くし、コミュニティ感覚を広げ、自分の貢献の範囲を大きく捉えていく中で得られた感覚や気づきについてです。

自分はやり切ったかどうかの見極め方

僕は何度か転職しています。勤めている会社での仕事と、自分で実現したい世界が相容《あいい》れないと感じたら、次の職場を探すようにしていたのです。

でも、最終的に退社したとはいえ、その会社での日々が無駄だったとは、いっさい思っていません。そうではなく、「その会社での課題をやり遂げ、学びを終えたから、次のもっと大きな課題に挑戦しにいった」というのが、僕の中の感覚です。

「学び終わったかどうかの判断基準がわからない」との相談を受けることが多いのですが、重要な基準が一つあります。それは、**仕事上でなにかネガティブな出来事が起きたときに、人のせいにするのか、自分の内側を見られるかです。**他者のせいにしているうちは、まだ学びの途中だということです。

なにか問題が起きたとき、「上司のせいだ」「社長のせいだ」のように考えるのは、外側に責任を押しつけている姿勢です。

その反対に、外側ではなく内側、つまり「こういう理由で、自分はこの感情を選んでいるんだな」「本当は、自分はどうしたいのか」という部分を見にいって、愛のエネルギーを使って問題解決できたなら、その環境での課題、学びはクリアしているといえます。それだけ高い意識レベルで、自分と周りを見ることができるようになれたということです。

出世も転職も「相手の目線に立てるか」

ちなみに「みんなの幸せ」を祈る習慣は出世や転職にもかなり役立ちました。

僕は人事や採用のポジションにも長く就いていたのでよくわかるのですが、入社面接も、社内での評価も、人が判断するものです。その判断において要になるのは、究極のところ、「いかに相手の立場になって、仕事ができるか」という部分にほかなりません。

「みんなの幸せ」を祈るとは、相手の気持ちに寄り添い、その人の人生に乗り移るようなアクションです。そういう習慣がある人は、目の前の上司の立場にもなりきれるし、部下の世界にも入り込めるし、取引先の相手の姿勢にも難なく共感できます。転職時の面接でも、面接官の目線に立てば、相手がどんな人材を求めているかを的確にイメージできるので、どんな質問をされてもスムーズな受け答えができます。

相手の目線に立てるようになると、相手の志向と自分の志向が一致しているかどうかも見極めやすくなります。そうなると、誰と付き合い、誰と協力し、誰と愛を共鳴させ合えるのかの選択を、間違えなくなります。

常に相手の目線に立って、相手のベストを考えられるようになったことは、僕の会社員生活にも、会社員を辞めてからの生活にも、大きな影響をもたらしました。

そもそも誰だって、この人と関わりたい、一緒に働きたいと思うのは、愛を感じられる人です。スキルや能力以上に、愛を持って仕事に取り組もうとしている人は、誰の目にも魅力的に映ります。

WORK 03

「知っている人」の幸せを祈る

「知らない人」の幸せを祈っていると、だんだん「知っている人」の幸せも祈れるようになります。会社の同僚や上司、取引先、お客さんなど、ライバル関係や利害関係にある相手でも、その人の中に愛を見つけられるようになります。コツは自分のメリットを考えないようにすることです。

もちろん簡単とは言いません。「この人の幸せは祈りたくない」という相手もいるかもしれません。でも、そういう人の幸せも祈れるようになれば、あなたの世界はもっと愛で溢れます。

こちらも、慣れてきたらノートには書かなくて大丈夫です。日々、いろんな人に対して、心の中でやってみましょう。

1
自分の目の前にいる相手の中に愛を探し、
どんな愛を感じたか書いてみる。
仲のいい人でもそうでない人でも、
機嫌のよさそうな人でも怒っている人でも、
目についた人に対してやってみる。

2
愛が拡大するよう、その人の幸せな未来を祈る。

3
その人を幸せにするために
自分にできることを書き添える。
できれば実際に行動してみる。

「知っている人」の幸せを祈る

○月△日

1　○○さんの愛

上司の○○さんは
いつもいろんな人に頼られて、
たくさんの仕事をこなしていて
大変そうだけれど毎日がんばっている。

2　○○さんの幸せ

週末にはご家族と
いい時間を過ごせますように。
よく寝て、よく食べて、
いつまでも健康でいられますように。
この人の未来が
もっとよくなりますように。

3　自分にできる行動

大変そうな○○さんの元気が出るように、
もっと明るい挨拶をしてみよう。

第3章　仕事で引き寄せる

愛を発揮する環境は自分で創れる

もしあなたが「会社の従業員という枠組みでは、自分の愛をじゅうぶんに使えない」「もっと大きな愛のエネルギーを発動したい」と思っているなら、会社の中でがんばるだけでなく、副業もおすすめです。会社という狭い範囲ではなく、社会全体、宇宙全体においての他者貢献、自己実現を考えてみるのです。

副業に絶好の時代が到来している

僕も会社員だった頃は、会社での評価をいくら高めようとしても、狭い世界でラットレースをさせられているような気分になってしまうこともありました。**その会社でしか通用しないルールで競っていても、愛のエネルギーは活かしきれない**と。

そう気づいてからは、会社だけに依存するのはやめて、フリーランスとして自分の価値を高める方にも注力しました。自分の持っている愛のエネルギーを存分に注げる環境や立場を、自分で創っていくという発想です。

金銭面での豊かさも、自分のビジネスがあれば、レベルは桁違いに大きくなります。

10年ほど前までは、個人がマネタイズするのはそう簡単ではありませんでした。それが今では、政府も副業を後押ししていますし、オンラインで隙間時間に完結する仕事もたくさんあるのは周知の事実です。

自分の経験を価値としてお金に換えやすい、絶好のタイミングが到来していています。

恐れが消えるのを待つのは時間の無駄

自分の愛を役立てるとか、好きなことを仕事にするとか、ワクワクしながら働くといっても「世の中そんなに甘くないんじゃないか」と思う人もいるかもしれません。

お金のこと、能力的なこと、そもそも自分に依頼が来るのかどうかなど、いろいろ気になるでしょう。

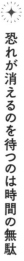

ですが、今成功している人たちの中には、その不安がなかったと思いますか？　いいえ。成功者たちも、不安と向き合いながらチャレンジを始めました。

いざ始めてしまえば、始める前に不安に思っていたことも、だんだん怖さが薄らいでいくものです。

もっと言えば、スタートの不安が解消できても、次のステージに上がるときになれば、また別の不安が必ずやってきます。そこでまたチャレンジしてみると、その不安も薄らいで……という繰り返しなのです。

完全に恐れが消えるのを待つのは時間の無駄です。僕も不安で恐れのエネルギーに飲み込まれそうになるたびに「このチャレンジは世界のためになるのか」「どんな人にどんな幸せを届けられるのか」と問い直すようにしています。

そうすると、愛のパワーを思い出せるからです。

本業のパフォーマンスも上がる

副業や独立は、本業で関わるみんなをないがしろにすることにはなりません。会社の仲間たちと距離ができるような気がしても、世の中という、もう一段階大きな括りのみんなに貢献できるのですから。本業の仲間たちも、世の中という広い共同体の一員どうしです。

これまで同様に、仲間たちの幸せを祈り、愛のエネルギーを注いでください。

副業するのは、イコール本業の手を抜くことにはなりません。変わらず、会社のみんなの幸せに貢献できます。

僕も経験してわかりましたが、本業の勤務時間中も、愛のエネルギーレベルを高く、強く維持している方が、副業でのアイディアも浮かびやすく、パフォーマンスも上がります。

逆に、本業を負のエネルギーでダラダラやっていると、副業でも同じエネルギーしか発揮できません。本業を全力でこなしつつ、それとは別に、自分の価値を発揮できる場所としての副業がある。そういう状態を創れたら、両方の環境でそれぞれいいアウトプットができるようになりました。

副業を始めたおかげで、本業にも好影響がありました。たとえば副業のために学んだウェブマーケティングやコピーライティングの技術は、そのまま本業にも活かせました。

副業に割く時間を確保しようと思えば、就業時間内はそれまで以上に集中できるようになります。パフォーマンスが上がったと、上司や同僚からも感心されるほどでした。

あなたの普段の仕事にも、本当はやらなくていい業務や、慣習として続いているだけの非効率なプロセスがあるかもしれません。そういうものを見つけて、新たなフローを上司に提案したり、同僚たちが無駄な時間を使わなくてすむような小さな改革を続けたりするのは、自分のためだけでなく周囲にも喜ばれます。

そうして能力向上、集中力の維持、業務効率のアップを図っていくと退社時刻は確実に早められます。

こうして僕は副業に注力する環境を整えていきました。

と同時に、自分が最もやりたいビジネス、やるべきビジネスはどんなものかを模索していきました。

思い入れがないとビジネスはうまくいかない

ここからは僕が採用して、うまくいったビジネスの仕組みをお伝えします。これからの時代の、「みんなが幸せになるビジネス」の仕組みです。すでに多くのクライアントさんにも実践してもらっており、再現性も検証済みです。

なお、ここで言うみんなとは、ビジネスのスタート時点では、広い範囲でなくて大丈夫です。極端なことを言えば、たった一人であってもまったく問題ありません。

結論を示すと、

◆みんなに対して
自分の愛のエネルギー（価値）を提供する
↓
◆その愛のエネルギー（価値）に対する感謝が
お金というエネルギーとして返ってくる

これがビジネスです。ビジネスは、まず自分から世の中に価値提供するところから始まります。

先に与えるのがビジネスの鉄則

ここまで話してきた愛やお金の循環と同じで、自分からの前出しが鉄則です。提供した商品やサービスによって相手の状況が少しでもよくなったり、悩みが軽くなったりすると、「ありがとう」という感謝の気持ちと、お金が入ってきます。

僕の場合なら、ＹｏｕＴｕｂｅに動画をアップしたり、オンラインサロン用のコンテンツを創ったりするのが価値提供です。この世界のどこかに、過去の自分のように、人生に希望を持てない人がいるとしたら、その人の人生を少しでもよい方向に変えたい。その人にメッセージを届けたい。愛を届けたい。きれいごとでもなんでもなく、本心からそう思ってやっています。

ＹｏｕＴｕｂｅの動画自体は無料です。でも、その動画を見て「自分の人生に役立った」と思った人は、感謝のエネルギーを返してくださいます。

本気の愛のエネルギー（価値）を提供すると、まず、自分のエネルギーが高く、強くなります。誰かが喜んだり感謝したりしてくれると、先に出した以上のエネルギーを受け取れます。

さらに「この活動を今後も続けてほしい」と投げ銭してくださる人や、「個別に相談したいから有料セッションを受けたい」とオファーをくださる人がいれば、エネルギーは、お金という形に変わります。

「自分には提供するものがなにもない」と今は思っている人も、誰かが喜ぶことならなんでもいいのです。

たとえば、自分が読んだ本、感動した動画、近所で見つけていいなと思ったことを、ＳＮＳでシェアするだけでも、誰かの役に立てるし、誰かを喜ばせることができます。

副業が時間労働になってはいけない

ここでポイントになるのが、「自分が本気で信じている価値を提供する」という部分です。

自分が心底いいと思っていること、楽しめること、思い入れが持てるもの以外は、いくら儲かりそうでも、副業にはおすすめしません。ただの時間労働に陥るだけです。

他の人よりもたくさん働けばある程度稼げるかもしれませんが、それをやって自分の人生がよくなるでしょうか。あなたの愛で、世界をよりよくしていることに繋がるでしょうか。

思い入れが持てることに対して、自分の魅力や能力を活かして、どこかの誰かが幸せになる。そんな、**想像するだけでも豊かなエネルギーに包まれるようなこと**を副業にしてください。

本業もがんばりながら副業にエネルギーを注ぐのは正直、物理的にも体力的にも大変な日もあります。

だから、そもそも「副業兼趣味」くらいに没頭できるものでないと長続きしません。さしあたりは結果は二の次。好きで続けていける、あなただけの副業を探してみましょう。

このとき、知らない人を思い浮かべて、その人の役に立てるか、喜んでもらえるかを考えるのも、欠かせないポイントです。

ビジネスの仕組みも愛の循環

【愛のエネルギー（価値）】

・自分から前出しが鉄則。
・儲かりそうなことでなく自分が楽しめること、思い入れのあることをやる。
・ちょっとしたことでも意外と誰かの役に立つ。

【お金というエネルギー（価値）】

・誰かの役に立てると、感謝とともに、
先に出した以上のエネルギーが返ってくる。

過去の悩みや苦しみはビジネスに活かせる

愛のエネルギーでビジネスを起こすには、大きく分けて次の二種類があります。

◆誰かの願望を叶えるビジネス
◆誰かの痛みや悩みを軽くするビジネス

一つめは、自分の得意なことやうまくいっていることを価値提供して、誰かの願望を叶えるビジネスです。

たとえば僕の友人には、筋トレを教えるパーソナルトレーナーがいます。オンラインのピアノの先生もいます。手作りのアクセサリーを販売している人もいます。

みんな、ボディメイクしたい、好きな曲を弾けるようになりたい、おしゃれしたい、という誰かの願望を叶えています。

辛い経験が、誰かの役に立つ

二つめのビジネスは、過去の自分が悩んだり、辛かったり、困ったり、つまずいたときのことを思い出して、それと同じ状況にいる人に働きかけるものです。

このタイプのビジネスでなにより求められるのは、**クライアントさんの「私と同じだ」「この人はわかってくれる」という共感性なので、資格や実績は必ずしも問われません。**

あなたは今までどんなことで悩んできましたか？　忘れられないほどの苦しみはありませんでしたか？　そうした苦難を乗り越えられた体験は、大きな宝物です。誰の過去にもきっと、ビジネスの種が埋もれています。

僕のクライアントさんでは、不登校のお子さんを持つ人を対象としたカウンセリングをしている方がいます。ご自身のお子さんの不登校で悩んだ経験があったからこそのビジネスです。僕のやっている、潜在意識や引き寄せの知識をシェアするビジネスも、このタイプに当たります。引き寄せられなかった頃の経験を活かして、困っている人を手助けしたいと考えています。

このカウンセラーの方も、僕も、**過去の自分と同じ状況の人を救いたい、喜ばせたい**という一心で活動しています。

自分が発信できる愛の形を、まず知る

ビジネスは基本的に、対象者を絞る方が、圧倒的にアイディアが湧きやすくなります。

いきなり「どんな人も幸せにします」だと、抽象度が高すぎて、

どんな価値提供をすればいいのか描きにくいからです。

もし「自分にはこんなことができそう」とアイディアが浮かんだら、まずインターネットの悩み相談サイトやスキルシェアサイトなどを使って、誰かの手助けを始めてみてはどうでしょう。

最近では、フリマサイトでこうしたサービスを提供する人も増えています。

最初から大きな額の収入を目指す必要はありません。**自分が誰かに提供できる愛の形を知り、感謝のエネルギーを受け取る喜びを体験するだけで、まずはじゅうぶん**です。

思い切って動き始めてみると、「こういう価値提供は喜ばれる」「これは響かない」というフィードバックも得られるので、この先のビジネスの具体的な方向性も定まります。

こうして活動を始めると、逆に誰かに助けてもらう機会も自然と増えるので、なにもしないでいるよりも、桁違いに多くの気づきを得られます。

理想の世界を創るための行動の起こし方

自分の経験とクライアントさんのサポートを通じて、痛感していることがあります。それは「ビジネスは95％メンタルだ」ということです。だからこそ、仏教学や心理学を勉強し、引き寄せの専門家である僕が、ビジネスコンサルティングでもクライアントさんのお役に立てているのだと思います。

心の状態が整っている人は継続も改善も上手なので、ビジネスが着実に大きくなります。

そう聞くと「自分はメンタルが弱いから、ビジネスは無理なんだ」と思う方もいるかもしれません。でも、逆なのです。ビジネスをやると、心の状態も整います。まだ「みんなの幸せ」「共同体感覚」が今一つピンときていない方も、ビジネスを始めると、「あ、こういうことか！」としっくりきます。

引き寄せを実感するチャンスが増える

一生懸命に仕事に取り組んでいると、弱い自分や逃げたい自分、恐れのエネルギーに傾く自分に直面することもあるかもしれません。そういう自分に向き合って、乗り越えていく。すると確実に、エネルギーレベルの平均値が上がっていきます。

エネルギーレベルが愛の方に進むと、肝心なところで引き寄せの力が働いて、仕事が思いどおりの方向に進んでいきます。そういうプロセスの中で生きていると、結果として、仕事に限らず人生全体において、未来を信じる力が強くなります。

なにかを引き寄せたり、物事が思う方向に進む感覚を得たりするチャンスは、会社組織に勤めているだけよりも、自分のビジネスをしている方が、圧倒的にたくさん経験できます。

そういう理由からも、もっとたくさんの人が副業を気軽に始められるといいなと、僕は強く思います。

「どうせ無理だ」という気持ちに出端《でばな》を挫《くじ》かれてしまいそうになったら、「自分はこの活動で、もっといい世界を創っていける」という気持ちを思い出しましょう。そうすると、**「どうせ無理だ」から、「無理かもしれないけれどやってみよう」にエネルギーが切り替わります。**

準備が整ってから動き出そうとすると、いつまでたってもスタートできません。恐れが完全になくなるまでに準備が整うことは、永遠にないからです。それよりも、まず行動を起こして、それから改善点を見つけていけばいいのです。

副業の最大の障壁は、「やってみたいな」と思いながらも行動しないこと。最大の関門は、スタート地点にあるのです。

「この程度のスキルで、お金をもらっていいのかな」と躊躇するのもやめましょう。それこそ、お金を受け取るブロックです。もし自信が持てないのなら、相場よりも安く価格設定をすればいいのです。下手でも下手なりにやってみて、徐々にスキルも自信も追いついてきたら、適正価格にしてみましょう。

✦ 他者の声は、実は自分の声かもしれない

ビジネスは自分との対話です。もしも家族や知人が「自分でビジネスなんて、大変そう。やめておいたら?」などと言ってきても、一つのリアクションとして参考にしつつ、無視してしまって大丈夫です。

自分が「できる」と自分を信じられたら、それでじゅうぶん。も

し、誰かの声が気になったとしたら、それは、自分の中の声だからです。他者の言葉を理由に、勇気を出さない口実を作ろうとしているのかもしれません。

前進しようとする自分、変わろうとしている自分を止める声が気になったときにおすすめなのは、自分が理想とする世界をすでに叶えている人と話してみることです。あなたよりも少し先に夢を叶えた先輩は、ネットでいくらでも探せます。

理想の人、憧れの人から背中を押してもらった経験は、僕にもたくさんあります。

一日5分でいいから、毎日続ける

せっかく目標を定めたのなら、そこに向かう行動は毎日続けるのがベストです。会社員時代の僕も、「どんなに忙しい日でも、動画で話す内容を5分間だけ考える」というような負担にならない程度の目標を設定して、ほんの少しの時間でも、毎日なにかできるようにしていました。毎日欠かさず、望む未来に意識を向けることが重要だからです。

毎日行動し続けていれば、**昨日より今日は一歩進んでいるという確信が持てます。「どうせ無理だ」という気持ちを消せます。**目に見えるほどの成果が出ないときでも、「ここまでやっているのだから」と自分を信じられます。

一日5分でいいので、「自分はやっている」という事実を積み重ねましょう。

自分の理想の世界を、「みんなの幸せ」のためにコツコツ創っている――そういう自覚が生まれると、なんでもうまくいくような気がしてきます。

それは、内側のエネルギーが変わった証拠です。あなたの引き寄せの力は加速し始めています。

多くの人に愛が届くとリターンも大きくなる

むやみにたくさんの顧客に向けたビジネスは、抽象度が高くなって、どんな価値提供をすればいいのか描きにくいと前述しました。お客さんの数が限られている方が、どんな愛を届ければいいかを具体的にイメージしやすいものです。

もしお客さんの数が少ないと、みんなの幸せとは言えないように思うでしょうか。いいえ、そうではありません。**一人を幸せにできれば、その家族や周りの人にも幸せは波及していきます。**

たとえばあなたが手作りアクセサリーを販売しているとして、こんな様子を想像してみてください。

あなたが提供したアクセサリーを誰かが身につけて喜んでいる→その様子を見た家族・友だち・仕事仲間も喜ばしくなる→その人たちのさらに周囲の人にも喜ばしさが波及し、みんなが笑顔になり、健康になり、仕事がはかどって……。

こんな風に、あなたはたった一個のアクセサリーを販売しただけでも、そこから愛が波紋のように広がっていきます。

まずは一人の幸せに真剣にコミットする

現実問題として、個人が新規参入して、いきなりマスを相手にするのはハードルが高いです。

最初は、お客さんの数が少なくてもまったく問題ありません。一人とか数人でいいので、その人たちの幸せに、真剣にコミットしましょう。そのときにも大事なのは、あなたの愛のエネルギーの波紋が広がっていって、「みんなの幸せ」が叶っていくイメージを明確に持ち続けることです。

そうしているうちに少しずつでも、直接幸せにできる人の数をどうやって増やせばいいか、考えていけるといいですね。というのは、やはりみんなの数が多いほど、自分の意識の対象が大きいほど、人生の意味を見つけやすくなるからです。

もちろん金銭面でも、多くの人の人生を変えるほど、リターンが大きくなります。

みんなの思いが繋がり出す

僕の場合、YouTubeの月間再生数が100万回ほどで、10万人くらいの方が視聴してくださっています。

こうした膨大な数の人たちに動画を届けられるようになって、わかったことがあります。ビジネスのお客さんの数が多くなると、もはや僕個人の活動というよりも、「誰かの思いを代弁している」感覚になるのです。実際、視聴者の皆さんからもよく「自分の思いを言葉にしてくれてありがとうございます」「私も同じ考えなので、もっと広めてほしいです」というようなコメントをいただきます。

僕の頭で考え、僕という体を使ってしゃべっている動画です。それなのになぜか、その内容は、たくさんの人たちのメッセージかのように感じられる。

この現象について僕は、ユング心理学の「集合的無意識」という考え方で説明できる気がしています。僕の動画に映っているのは、僕という存在を超えて、集合、すなわちみんなの無意識なのではないか。

こうした感覚は、どんなビジネスでも起こります。愛のエネルギーを届ける人の総数が増えるほど、そこにみんなの思いが集中し、思いは双方向で繋がり出します。みんなで繋がると、そこでやり取りされる愛のエネルギーはいっそう大きくなって、それに比例して、今は予想もできないほどの豊かさも巡ってきます。

「みんなの幸せ」は自分の幸せに直結する

動画を撮り始めたばかりの頃の僕には、みんなの役に立ちたい気持ちと、生活を安定させたいという気持ちがせめぎ合っていました。正直なところ、生活のために登録者数や視聴回数を増やしたいという思いもありました。

ただ、今は違う。そうはっきりと言えます。

そういう自我的なモチベーションより、僕の動画を観てくださっているみんなの気持ちに応えたい、みんなと愛をやり取りしたいという思いがいちばんです。

✦欲求の最終段階は貢献欲求

「マズローの欲求5段階説」をご存知でしょうか。食欲のような「生理的欲求」が満たされると、安定を求める「安全欲求」が湧いてきて、次に「社会的欲求」「承認欲求」「自己実現欲求」と欲求の内容が変わっていくというものです。

実はここには6段階めがあります。マズローは晩年、6段階めの欲求があると述べました。それは「自己超越」です。自己実現の先に、みんなに貢献したいという欲求が、人には備わっています。

みんなに貢献してこそ、人は最高の幸せを感じられるということです。

常に「みんなの幸せ」を祈りながら、自分の内側をいい状態に維持して生きる。自分に課せられる目の前のミッションを一つひとつ

クリアしていく。それらはまさに、貢献欲求を満たすことに直結するアクションです。

一人のため、10人のため、100人のため……。あなたが叶えたい「みんなの幸せ」の範囲が広がっていくに伴って、ますます勇気も必要になりますし、責任も課題も変わります。一人では手が回らず、誰かの助けも借りることにもなるでしょう。

貢献欲求を満たしていくには、ますます愛のエネルギーが欠かせないのは言うまでもありません。

欲求の段階が上位に移っていくとともに、「自分だけの幸せ」という意識から、知っている人も知らない人も含めた「みんなの幸せ」という意識に変わっていきます。

それとともにエネルギーレベルが愛の方に高まって、引き寄せ力も鍛えられていきます。

マズローの欲求5段階説ともう一つの最終段階

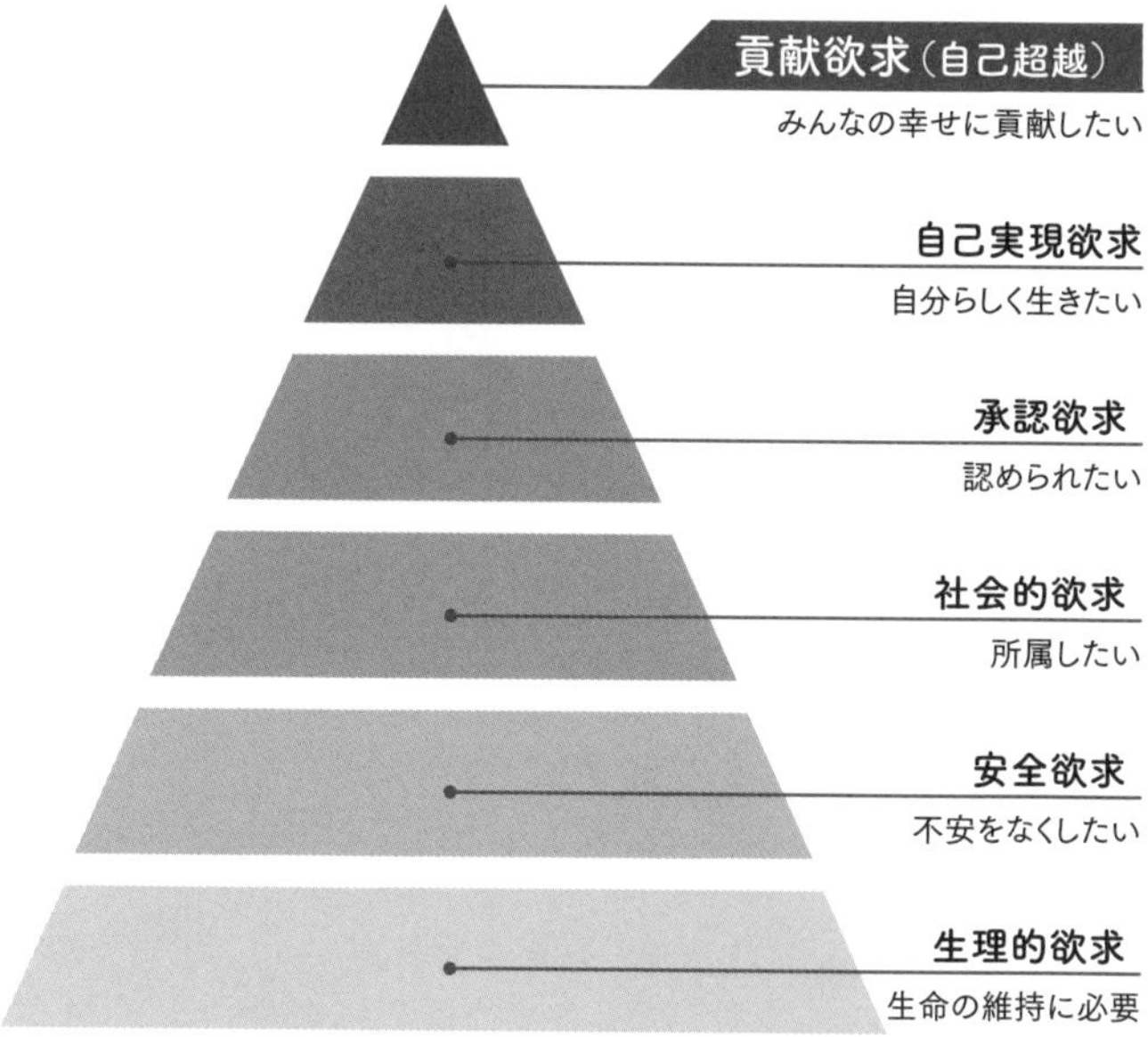

人の欲求には6段階あり、貢献欲求(自己超越)が叶うと最も嬉しい。

第4章

人間関係で引き寄せる

嫌いな人の存在にさえ意味がある

クライアントさんの悩みで特に多いのは、人間関係です。この章では人間関係の中でも特に、苦手な人、嫌いな人、怒りや嫉妬といったネガティブな感情がある人について向き合ってみましょう。

知らない人の幸せを祈ってみて、変化、効果を最も感じやすいのは、実は人間関係です。知らない人の中に愛を探し続けると、身近な人への愛にも自然に目が留まるようになり、次第に、苦手な人にさえ愛を見つけられるように。そこまでくれば、どんなに苦手な人との関係性も、劇的に楽になります。

この本の冒頭でも書いたように、僕は毒親問題を抱えていました。

それが、「みんなの幸せ」を祈るようになってから、自分の環境が確かに変化していって、それに伴って自分の周囲から嫌な人がいなくなり、そうしているうちに父の幸せも祈れるようになりました。自分でも驚きました。もう父は、僕にとって毒親ではありません。

ここまで読み進めて、知らない人の幸せを祈る習慣が身についてきたあなたも、内側の状態が変わってきているはずです。

いよいよ、大きな課題に向き合う準備ができつつあります。苦手な人さえもみんなの範疇に入れることができたら、あなたにとってのみんなは、ほぼ完璧な状態になります。

みんな、あなたの人生に不可欠な登場人物

人の悩みのすべては、人間関係の悩みに起因すると言われます。

そもそもお金も、情報も、チャンスも、運んでくるのは人です。人

間関係の問題さえクリアすれば、人生は全方位的にステージアップするのです。

ここで、まず知ってほしいのは、「人生に必要ない人は、あなたの人生に登場しない」ということ。周囲にいるすべての人は、なにかしらの学びを与えてくれる存在です。特に嫌な人や苦手な人は、ネガティブな感情を揺さぶることによって、強烈なメッセージを伝えてきます。言ってみれば、あなたの人生というドラマのキーパーソンなのです。

たとえば、いつも嫌なことを言ってくるあの人は、あなたが内心で気にしていることを言葉で伝えてくれるメッセンジャーです。自分からは考えたくないこと、向き合いたくないことに気づかせてくれる人です。考えてもみれば、そもそも自分がそのことを気にしていなければ、なにを言われても気にならないはずですよね。

誰のこともコントロールできない

アドラー心理学では「課題の分離」がすすめられています。アドラーいわく、あらゆる対人関係のトラブルは、他者の課題と自分の課題を分けて考えられないことが原因で引き起こされるそうです。

他者の領域には踏み込まない。他者を自分の思いどおりに変えようとしない。そんな姿勢が、円滑な人間関係には不可欠です。どんなに近い相手でも、肉親でも、例外はありません。

相手があなたに対してどんな態度であっても、「嫌われた」と落ち込む必要はありません。どう評価するかは相手の課題だからです。また、**あなたがどれほど相手に尽くし、「認めてほしい」「感謝してほしい」と求めても、どう感じるかは相手の課題。こちらではコントロールできないと、アドラーは主張します。**

もうお気づきでしょうか。知っている人よりも、知らない人の幸せを祈るのがなぜ簡単なのかというと、ごく自然に、課題の分離ができるからです。

通りすがりの人があなたのことを好きにならなくても、落ち込まないですよね。一緒に信号待ちをしている人の行動が、もしあなたの期待どおりにならなくても、あなたには関係ないことです。

好きな人にも苦手な人にも、パートナーや親などの身近な人にも、この感覚を等しく持てるようになれば、人間関係の問題はほぼ解消します。

あなたにできることは究極、「相手を不快にさせない」という心がけだけです。そして、そのあなたの姿勢によって、相手があなたのことを好きになるか嫌いになるか、喜んでくれるか残念に思うかは、相手の心の中の問題であって、こちらのコントロールが及ばない領域です。

自分の課題と他者の課題の分離

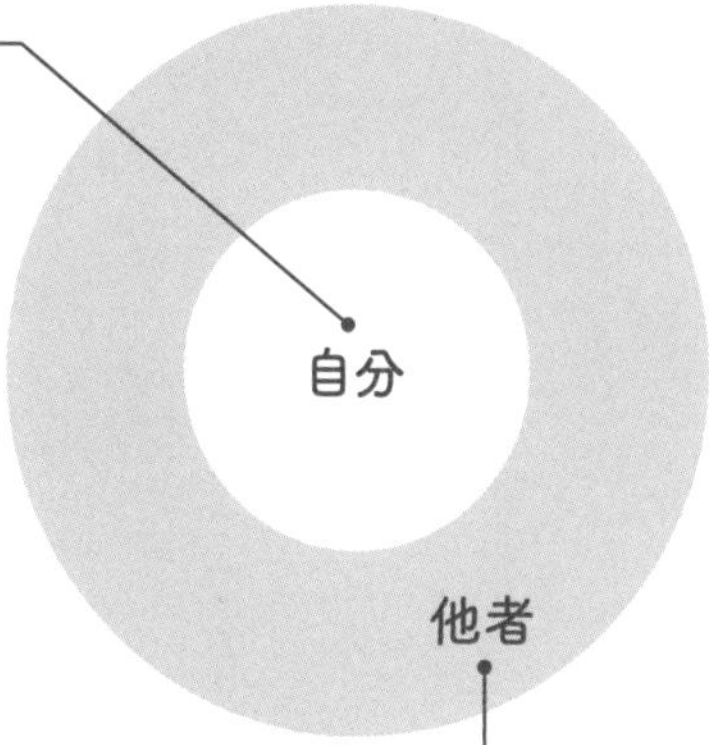

自分の課題

コントロール可能。
自分で変えられる。
「影響の輪」とも呼ばれる領域。

- ■自分の考え方
- ■自分の行動
- ■自分の解釈
- ■自分の発言
- ■他人への接し方
- ■未来の選択

他者の課題

コントロール不可能。
関心を持ったとしても自分には変えられない。
「関心の輪」とも呼ばれる領域。

- ■他者の考え方
- ■他者の行動
- ■他者の解釈
- ■他者の発言
- ■社会の出来事

他者の課題を気にしたところで、思いどおりにはなり得ない。自分の課題にだけフォーカスし、誰に対してもただピュアな愛のエネルギーで接する方が、関係性は円滑になる。

ネガティブな人間関係は
ポジティブなギフト

相手の課題は分離したうえで、自分のネガティブな感情は、丁寧に見つめるようにしてください。ネガティブな感情は、「自分はどうしたいのか」という本当の願いを見つけるチャンスだからです。「嫌い」「憎い」「怖い」で終わっていたら、きっと違う相手ともその関係性を繰り返します。でも、一度そこに向き合ってしまえば、卒業できます。

ネガティブとポジティブは同じ量

ネガティブな感情の逆側には、自分の本音が隠れています。「人から否定されるのが辛い」という恐怖、「自分の価値を認めてほしい」という願い。そこに気づけたら、あとは、その恐怖を手放したり、願いを叶えたりするために、自分にはなにができるかを考えるだけです。自分のことなら、自分でなんとでもできます。相手を変えようとか、環境をどうにかしようとか、そういった難しいことを考える必要はありません。

また、**ネガティブな感情の逆側には、必ず愛があります。**ネガティブとポジティブは、実はいつでも同じ量です。ネガティブが大きいほど、その陰に控えている愛も大きく、均等に釣り合っているのです。ネガティブな感情を乗り越えたら、その先には、あなたが望む世界が待っています。

僕は父親に愛されなかった経験があったからこそ、愛の勉強ができました。そのおかげで今があります。あなたにとっての嫌な人、嫌な経験も、ポジティブなギフトになり得ます。

嫉妬や怒りの感情も祈りに変えられる

ネガティブな感情の中でも、特に重要なポイントとなるのが嫉妬と怒りです。ここをクリアしない限り、なかなか「私の人生は愛に溢れている」という実感では生きられません。

特に重要と言ったのには理由があります。**嫉妬も怒りも、「あの人はよいのに自分はダメ」「自分は正しいけれど、あの人は間違っている」という調和とはかけ離れた考えの典型**です。

つまり、引き寄せに欠かせない、愛のエネルギーや共同体感覚とは、真逆の世界観なのです。

ただし、先ほどネガティブとポジティブはいつも同量だと述べたとおり、ネガティブの裏には、最高のギフトがあります。嫉妬と怒り、それぞれの逆側を見ると、なんと自分の願望にダイレクトに繋がっているのです。

嫉妬と怒り以外のネガティブな感情の裏にも、もちろんいいメッセージは隠れています。でも、直接的に繋がっているという点で、嫉妬と怒りは最強です。ただ妬み続け、怒り続けているのも、まして見て見ぬふり、感じていないふりをして放っておくのも、もったいないです。

嫉妬はモチベーションに転換する

誰かに嫉妬を感じるのは、悪いことではありません。嫉妬を感じるのは、その相手と同じようになれる素質を、あなたがすでに持っているからです。無理に消すより、「羨ましい」「自分もそうなりたい」という方向にエネルギーを切り替えれば、あなたの強いモチベーションに転換できます。

嫉妬の感情も、嫉妬してしまうあの人も、自分を理想の人生に導いてくれる大切な存在です。「あの人ばかり成功していてズルい」「あの人ばかり、いつも旅行していてズルい」ではなく、「私もあの人みたいに成功したい」「私も旅行に行きたい」と思えたら、自分も相手も悪者にならなくて済みます。

「なるほど、私は旅行に行きたかったのか。気づかせてくれてありがとう。あなたもいい旅を」と、その人の幸せを、あなたは心の中で祈っていればいいのです。

怒りを観察すると、自分の理想が明確に

次に、怒りについて見てみましょう。

僕はアンガーマネジメント（怒りをコントロールする心理療法）を勉強したことがあるのですが、怒りとは、期待と現実の相違で生

まれる感情です。

要するに、自分は「これが普通」と思っている。ところが現実はそうじゃない。このギャップが、怒りになるのです。ということは「これが普通」という自分の思い込みに気づけば、怒りはさっぱりなくなります。

怒りも、嫉妬と同じく、悪者ではありません。「期待どおりであってほしい」というあなたの強い願望の裏返しです。

だから、感じていないふりをするよりも、まずは自分の怒りを観察しましょう。怒っている自分を認めて、自分の期待はなんなのかを探ってみましょう。

「私はこの人に、こうあってほしいと思っているのか」と、自分の理想がはっきり見えたら、**期待と現実のギャップを相手が埋めてくれるのを待つのではなく、自分の力で理想を叶えられないか、考えてみましょう。**怒りという強烈な体験を与えてくれた相手に感謝して、その人の幸せを祈れたら、もう完璧です。

エネルギー状態が変われば過去も変わる

僕にとっては、父親がずっとネガティブな存在でした。でもあるとき、「ABC理論」という心理学の考え方を知って、父への思いをガラリと変えることができました。

大好きと言えなくても、相手の幸せは祈れる

ABC理論とは、**A（Activating event）＝ある出来事を、B（Belief）＝どのような信念で受け取るかによって、C（Consequence）＝結果が変わってくる**という考え方です。

僕と父の関係を例に取ると、父がなにか言っていた（A）のを、

過去に縛られなくなる！　ABC理論

起きた出来事（A）を変えることはできなくても、
信念（B）を少し変えてみれば、まったく違う結果（C）になる。

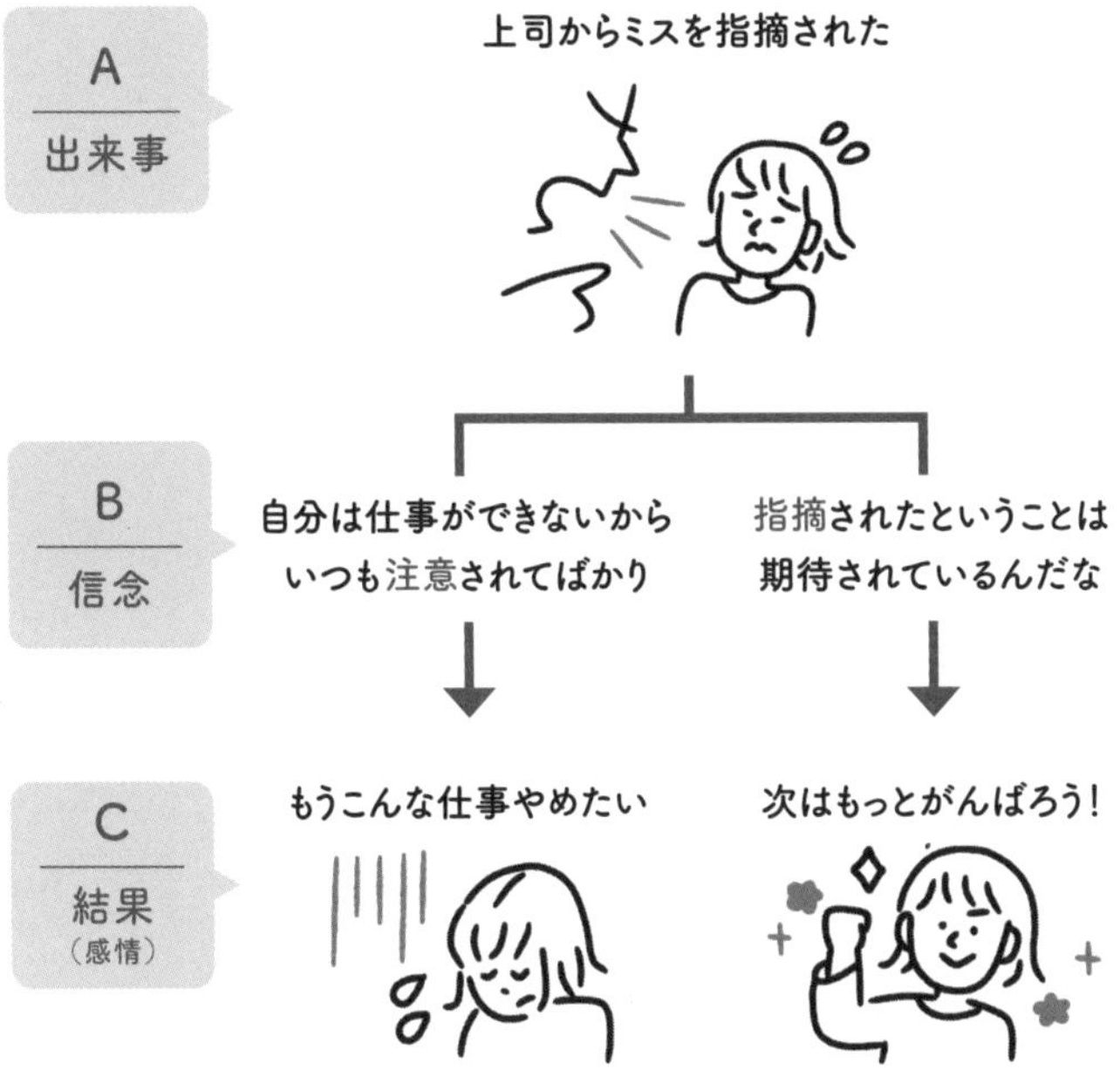

僕が「父が怒っている」と受け止めて（B）、僕は「父は怖い」という結果に至った（C）――というのが過去の状態です。

ところが、父がなにか言っていた（A）のは同じでも、僕が「父は怒っていたのではなく、なにか僕に一生懸命教えてくれていた」と受け止める（B）と、「父は真剣だったからこそ、強い口調だったんだ」という結果に辿り着き、父の愛が見えてきます（C）。怖い父が、愛に溢れた不器用な父になりました。

このように自分が信念を変えれば、辛い過去は愛ある過去に変わります。苦手な人も愛ある人に変わります。だから、ネガティブな過去に縛られて、今のエネルギーを下げなくていいのです。

僕自身、父への恨みはゼロになりました。大好きかと聞かれると答えにつまりますが、「お互い幸せに生きていけたらいいね」と、父の幸せを祈れるくらいにはなりました。

ネガティブの裏には必ず、愛が隠れています。あなたの本心からの理想や期待も隠れています。その理想や期待に気づくと、あなたの潜在意識は浄化され、願望を引き寄せやすい状態に変わります。

引き寄せの法則でよく説かれる、エイブラハムの「感情のスケール」では、最も崇高な感情として、愛や感謝と並んで「気づき」が挙げられています。気づきとは、それほどエネルギーの高い感情だということです。

感情のスケール	
1	気づき／愛／感謝
2	情熱
3	熱意／意欲／幸福
4	前向きな期待／信念
5	楽観的な姿勢
6	希望
7	満足／安心／安全
8	退屈
9	悲観的な姿勢
10	不満／イライラ／我慢
11	圧迫感／戸惑い
12	落胆
13	疑念
14	心配
15	非難／自責
16	失望／挫折感
17	怒り
18	復讐心
19	嫌悪／敵意／憤り
20	嫉妬
21	自信喪失／罪悪感
22	うつ状態／無力感

嫌いな人、許せない人にも「ありがとう」

ここまで読んで、もしまだ釈然としないとしても、仕方のないことです。それだけ人間関係の悩みは根深いものなのです。

「まだ、苦手な人の幸せを祈るのは、自分には難しい……」という場合は、けっして焦らず、知らない人の幸せを願い続けましょう。

そうして愛を見つける練習をしたり、エネルギーを高めたりしているうちに、あなたの心の状態は着実に変わります。

✦「あの人が悪い」では楽になれない

ただ、これから話すことも心に留めておいてください。自分の中に被害者意識があるうちは、どうしてもネガティブな側面しか見えません。

被害者意識とは「悪いのはあの人。かわいそうなのは私」「あの人が変わらなければ、私はずっとかわいそうなまま」という考え方。原因は外側にあるという発想です。

でも本当は、逆なのです。あなたの思い込みを書き換えれば、過去も未来もなにもかもが変化します。

無意識のうちに「私はかわいそう」と思ってしまうのは、自分を守るためです。自分を変えたくないからです。

この先も「あの人が悪い」と思い続け、今の状態にとどまるのか。そうではなく、「課題をありがとう」「気づきをありがとう」という姿勢に変わるのか。どちらを選ぶかは、あなたが自分で決められます。それなら、本当の意味で自分を楽にできる方、自分にとって理想的な方を選ぶのがいいですよね。

繰り返しますが、感情をネガティブな方に揺さぶってくる相手は、それだけ強烈なメッセージを伝えてくれている人です。あなたがその人を嫌っていればいるほど、相手は、あなたにとっての真のキーパーソンなのです。

今は納得できなくても、少しでも「そうかもしれないな」と思えたところから、「ありがとう」「あなたが幸せでありますように」と心の中で繰り返していきましょう。

相手のための感謝と祈りでなくて大丈夫。あくまでも自分のエネルギーのレベルを上げ、引き寄せ力を高めるためにやるのです。

誰の中にも愛はある

知らない人の幸せを願うのは、「どんな人の中にも愛を見つける」経験を積むためでもありました。

その習慣を続けていれば、嫌いなあの人、許せないあの人の中にも愛を見つけられる日が、きっと訪れます。

どんな極悪人も生まれたときは赤ちゃんでした。

僕は娘が生まれてから、たくさんの学びを得ました。その中でも、特に大きな学びの一つが、「人は元来ピュアで、存在自体が尊いものである」という感覚です。

幼い子どもって、すごくおもしろいです。親である僕のエネルギー状態がいいときは、笑顔で、ご機嫌で、いいエネルギーを返してくれます。でも逆に、僕のエネルギー状態が悪いと、まさに鏡に映したように、同じエネルギー状態で反応してきます。

そんな様子を見るうちに、いつもエネルギー状態が低い人というのは、後天的にそうなったんだなと理解しました。極悪人は、生まれたときから極悪人だったわけではなく、環境や外的要因でそうなってしまっただけなのでしょう。

街で知らない人を見て、「この人も赤ちゃんだったんだな」と思うと、愛を見つけるのが格段に簡単になりました。

ニュースで凶悪犯の顔が映されたときも、「この人も昔は赤ちゃんで、善悪の判断もなく、周りの影響で道を踏み外したのだろう。でもこの人の中にも、愛があるに違いない」と、その人の幸せを祈れる自分がいます。

生まれてきたのは、愛を学ぶため

ご存知の人もいるかもしれませんが、スピリチュアルの世界には、すべての魂はもともと「純粋な愛の塊」だったという説があります。その塊からポッと分離した魂が、地球という星で、人間の肉体に宿ります。生まれてから死ぬまでの間、その肉体とともに愛を学び、愛を発揮し、最終的にはまた愛の塊へ戻っていくのだそうです。

また、一生の間に起きる出来事はすべて自分に必要なことであり、いい出来事もよくない出来事も、全部生まれてくる前にシナリオを書いてきているという説もあります。この説に基づけば、誰かと出会い、その人が加害者となって、自分が苦しむことになる……そういうことさえ、生まれる前に自分で選んできたということです。

いずれの説も、真偽のほどは科学的には証明されてはいません。ただ僕個人としては、生まれる前の魂の次元ではみんなが愛の塊だったという説には共感しています。また、悪いことも含めたすべての経験が、自分にとって必要なものだという説にも同感です。

仏教の教えでは、**あの世にはなにも持っていけないし、誰も連れていけない**と言われます。

それなら、嫉妬も怒りも今のうちに手放してしまって、この人生で出会うすべての人たち、自分で出会うと決めてきたのかもしれない人たちのことを、もっと愛そうと思わずにはいられません。

WORK
04

「嫌いな人」の幸せを祈る

対人関係も、自分がどう世界を見ているか次第。信念を変えれば、自分を苦しめている問題は解消します。

あなたの嫌いな人や苦手な人は、見方を変えれば、あなたを苦しめることで、あなたの本当の望みに気づかせてくれた人です。いわばチャンスメーカーのような存在です。その人の存在を受け入れ、幸せを祈ってみましょう。

次の3項目をノートに書き出してみてください。とても難しいワークですので、少しでも穏やかな心のとき、愛のエネルギーが高い状態のときにトライしてみてください。

1
嫌いな相手、苦手な相手の中に愛を探し、
どんな愛を感じたか書いてみる。
（難しい場合は、次のページの例を書き写してもＯＫ）

2
その人は自分の人生に必要な
登場人物だと考えてみる。
その人がどんな学びをくれたか書いてみる。

3
愛が拡大するよう、その人の幸せな未来を祈る。

「嫌いな人」の幸せを祈る

○月△日

1　○○さんの愛

理解できない部分もあるけれど、
いい悪いではなく自分とは違うだけ。
○○さんなりの考え方、やり方で
社会に関わっていて
なんらかのいい影響をもたらしている。

2　○○さんからの学び

○○さんの不機嫌な顔を見ただけで
ついネガティブな感情に囚われてしまうが
他者の不機嫌にはつられたくない。
目の前の人の態度がどうあれ
自分はいつもご機嫌でありたいと
○○さんのおかげで気づけた。

3　○○さんの幸せ

この人なりの
満足のいく人生になりますように。

もし、このワークを試してみたい誰かの顔が思い浮かんだとして、でもなかなかペンとノートを手に取れないとしたら、まずは「もし自分に望まない思い込みがあるとしたらなんだろう？」「自分を苦しめている信念があるとしたらなんだろう？」「この出来事を自分で引き寄せているとしたら、なぜだろう？」というように、信念を変えるための質問を自分に投げかけてみてもいいかもしれません。

このワークができるようになれたら、あなたのエネルギーの数値（33ページ）は400を優に超えています。「みんなの幸せ」を叶えられるし、人生を思いどおりにコントロールできる状態になっているということです。

もしワークがうまくできて、嫌いな相手や苦手な相手への感謝と祈りの心が持てたら、次はもう一歩の勇気を出して、その人の幸せのために、なにかリアルな行動も起こせるといいですね。エネルギーはさらに上昇し、引き寄せ力がいっそう高まります。

第5章

そして、理想の世界を引き寄せる!

他者がいないと幸せは成り立たない

「みんなの幸せ」を願う意味とそのやり方、そしてみんなを意識しながらお金、仕事、人間関係に関して理想の状態を叶えていく方法について、実務的なことも交えながら見てきました。

ここまで「みんなの幸せ」を祈ってみて、どうでしたか？

僕のクライアントさんは、こんな感想を話してくださいました。


「自分のことだけ考えていたら、うまくいかなくて当たり前」

「知っている人も知らない人も含め、いろんな人が周りにいるのが私の人生なんだと気づいた」

「漠然とした不特定多数の〝みんな〟が、具体的な個々の人をイメージできるようになってから、顔の見える〝みんな〟に変わった」
「幸せを祈ったあの人やこの人のために役立ちたい。そのために、この人生を生きているのだと思う。やっと真の願いを見つけられた気がする」

こうなればもう、自分が望む世界に近づく情報も目に入ってきて、そちらにどんどん引っ張られていきます。

自分の内側を愛で満たすのがスタート

引き寄せの法則がしっくりこない、うまく使えない、という人はきっと、自分の願いだけを叶えようとしていたのです。そうではなくて、自分の内側を愛で満たし、自分から愛のエネルギーを放つと、愛に溢れた世界が現実化し、自分の願望も引き寄せられる。その大前提もここまでくれば、きっともう理解いただけているのではと思います。

内側の愛のエネルギーを自分でコントロールするために、本書では、自分以外の人の幸せを祈る方法をおすすめしてきました。遠回りのように感じたかもしれませんが、実は**自分以外の誰かの中に愛を見つけて、その愛が広がるように祈る**のは、自分を幸せにする近道なのです。

しかも人の幸せを祈っていると、みんなという抽象的な集団が目に見える人に変わってきます。そうすると「この世の中に存在しているのは、自分一人じゃない」という感覚がつかめてきます。

結局、他者がいないと自分の幸せも成り立ちません。想像してみるとわかりますが、自分だけ願いが叶っても、周りの人が幸せでなければ、幸せを感じることは難しいものです。

そもそも、人は誰かから必要とされたい生き物です。実は仏教でも、**「自分で自分の価値を認められるのは、自分以外の誰かから感**

謝されたとき」という考えがあります。

表面的な承認欲求のことを言っているのではありません。与えることは、与えられること以上に快感を伴います。人は自分以外のものに価値提供したときにこそ、本当の幸せを実感できるものなのです。こちらから先に愛を与えたいという欲求は、僕たち人間すべてに備わっている機能です。

「あなたのおかげです」と誰かに言われたとき、自分が生きている意味がわかり、意味のある人生を生きていると自覚できるようになるのです。

他者を幸せにすれば、自分も幸せになれます。人から感謝され、喜ばれる体験を積みましょう。誰でもいいし、まずは一人でいいです。誰かを幸せにする体験を積み重ねると、内側のエネルギーが拡大します。心地いい愛のエネルギーで日々を過ごせば、引き寄せの力を自由に使えます。

ここはあなたの願いが現実化した世界

自分の周囲にいるみんなの中に愛を探していると、「身近な場所に、こんなにたくさんの愛があったのか」と大きな驚きと感動を得られます。**その愛、すべてあなたが引き寄せています！**

あなたの日常に集まっているものすべて、今あなたの目に映るものすべては、あなたが過去に願ったものです。

その住まいも、家族も、仕事も、あの人も、あの出来事も。「いや、願った覚えはない！」と言いたくなるものもあるかもしれませんが、顕在意識で意図していなかっただけで、潜在意識レベルでは願っていたのです。

引き寄せは、常に起きています。あなたの人生は、すべてあなたの願望成就の積み重ねです。今この瞬間も、止まることなく引き寄せは続いています。

引き寄せは止まらない

たとえば「ずっと独身の人生なんて願っていない」とあなたの顕在意識は思っているかもしれませんが、潜在意識では「結婚しない」メリットを感じているのかもしれません。「自由な時間がほしい」「趣味を極めたい」「いろんな異性からモテたい」「今までどおりの生き方を続けるのが楽ちん」というように。

あなたが気づいていなくても、そういう願望が潜在意識にあるうちは、「明日も結婚しない」という未来が引き寄せられ続けます。

引き寄せというと、多くの人は壮大なイメージをしがちです。

「〇〇万円ゲット！」「給料〇倍！」「〇〇さんと結婚！」のようなレベルの奇跡を期待される方がほとんどではないでしょうか。

でもそういう大きな変化や成果だけでなく、あなたの人生にあるあらゆる出来事が、あなたの引き寄せによって起きています。

今、目の前にある世界は、自分が引き寄せたことを認めましょう。そうすれば、**引き寄せは特別な人だけが使うものではなく、自分にも引き寄せの力がある**ということが納得できます。

これが信念。潜在意識のレベルにある「引き寄せられない」というあなたの中のブレーキが外れて、「自分も引き寄せができる」と信じられれば、引き寄せの力をもっと自在に使えるのです。

1983年に陸上男子100m走でカール・ルイス選手が10秒を切る世界新記録（平地）を出したら、他にも9秒台で走る選手が次々と現れました。いきなり肉体や走り方やシューズが変わったのではありません。選手たちの潜在意識が「できる」と納得しただけです。

同じようにきっと近い未来、大谷翔平選手のような二刀流の野球選手も、おおぜい現れるはずだと僕は考えています。

ありがたいことに僕たちは、「引き寄せができる」と信じるに足る理由をたくさん探せます。

たとえばお手元のスマホもそうです。「こういうものがあったら」とスティーブ・ジョブズが意図して、その望みが現実化して、スマホはこの世に誕生しました。そして、あなたがスマホを使っているのも「自分もスマホを使いたい。自分の日常をもっと便利にしたい」と意図したからです。

こんなに豊かで過ごしやすい世の中が実現したのは、世界中のみんながそれぞれに、豊かさと過ごしやすさを意図していたからです。

そう思うと、世界中のみんなの存在、みんなの愛、みんなの引き寄せ力に感謝しかありません。

巡り巡ってみんなも自分も豊かになる願い方

さて、この本を読み始める前のことをちょっと思い出してみてください。あなたの願望は、「私はお金持ちになって……」「私は大きな家に住んで……」「私は素敵な人と結婚して……」と、自分目線の願いだったのではないでしょうか。かつての僕もそうでした。

ですが今の僕は、なにかを願うたび「この願望に、他者への愛はあるか？」「この願いが叶うことで、世界に愛が溢れるか？」をいつも確認しています。

引き寄せの力を上手に使っている人たちの多くも、「全体の調和を願うと、自分も波に乗れて豊かになる」と言っています。

みんなで調和し合って、よくなっていく。そういう方向に意識を向けられるようになってから、周りから僕に対する応援の力が、とても大きくなりました。

「みんなの幸せ」から分離して、自分だけが豊かになろうとしても、宇宙全体の流れには乗れません。その状態は、たとえるならば、サーフボードが準備されているのに、自力で必死に泳ごうとしているようなものです。

自分の願いと「みんなの幸せ」を重ねる

みんなと調和が取れるような願望を意図していきましょう。

といっても真我の願いだけじゃなくてもまったく問題ありません。自我の願いも持っていていいのです。ただし、自我の願いと真我の願いを重ねてみるようにしてください。

たとえば「お金持ちになりたい」というあなたの願い。「高級車に乗って、ブランドバッグを持って、羨望の眼差《まなざ》しを浴びたい」というのは自我100％で、「みんなの幸せ」から分離しています。

それよりも、**「自分がお金に困っていたら、みんなを幸せにするための行動ができない。だからお金持ちになりたい」**「自分の状態がよくなければ、世界をよくするエネルギーを広げられない。だからお金の不安がない現実へ進みたい」と変換させてみてはどうでしょう。「パートナーが欲しい」という願いなら、「愛のあるパートナーと一緒になりたい。パートナーと愛の循環を加速させられれば、地域にも職場にも愛を広げられる」という風に願えます。

出発地点では自分本位な願望だったとしても、「みんなの幸せ」に繋げて願ってみると、確実に内側のエネルギーが上がる感覚がわかるはずです。


全体と調和して、この地球、この宇宙をもっとよくするために、自分のことを願うのです。自分のための理想を、利他の精神から願うのです。

今のエネルギーを理想の未来と共振させる

僕自身、利他的な愛を知り、利他の精神で願いを意図するようになったおかげで、巡り巡って自分も豊かさを手に入れることができました。**自分のためだけの願望では、こんなに幸せにはなれなかった**と心の底から身にしみています。

というのも、自分の幸せだけを願っている状態では、どうしても我欲が先行したり、エゴに陥ったり、勝ち負けが気になったりして、エネルギーのレベルが愛から恐れに下がりがちです。自分のエネルギーを下げるような願い方をしていても、いつになってもよいことは起きません。

✦ エネルギーを理想の未来と共振させる

エネルギーが愛のレベルの方にじゅうぶんに上がってきた人たちに対して、さらに次のステージに向かっていただくため、コーチングの場面で使っている方法があります。それは「今のエネルギーを、理想の未来と共振させる」という手法です。

たとえば「みんなを幸せにするために、自分が豊かになる」という願いがあるとします。いったい月収何万円なら、豊かだと言えるでしょうか。

「もっとワクワクしながら仕事をしたい」という願いなら、朝から夕方までどんな風に仕事に取り組んで、どんなお客さんにアプローチできれば、ワクワクしていると言えるでしょうか。

「素敵なところに住みたい」と願うなら、どんな場所に住んでいるかを具体的に特定します。都会のタワーマンションなのか、山や海の近くなのか、それとも海外のコンドミニアムなのか……。

こんな風に抽象から具体にしていくのは、楽しいですよね。その楽しい状態こそが、次のステージに進むのに必要なエネルギー状態です。

具体的に想像するほど「これが自分が望んでいるエネルギー状態だ」とリアルに体感できます。その瞬間、理想の未来のエネルギーと、今のあなたのエネルギーが共振を始めています。

このようなイメージングの手法自体は、目新しいものではありません。なぜ、この本も終わりに近くとなったこのタイミングでようやくご紹介したのか。それは、イメージングは一般的な手法ではあるものの、実はけっこう難しく、いきなりやっても効果が出にくいからです。

エネルギーが整っていないうちからイメージングをしても、かえって現状とのギャップに気持ちが向いてしまい、不安になったり、焦ったり、無力感が湧いてきたりして、理想的なエネルギーの状態から遠ざかってしまいます。

これはアファメーション（理想の状態を言葉で宣言する、引き寄せの手法）でも、ビジョンボード（理想の状態を連想する写真や絵をコルクボードに貼ったりする、引き寄せの手法）なども同じです。

「みんなの幸せ」を願えるようになって、エネルギーが整った状態で、ぜひイメージングをやってください。きっと、今までよりも桁違いにうまくいきます。

世界には愛が溢れていることがわかって、みんなのことを純粋に祈れるようになって、自分の願望を引き寄せられると納得できた今のあなたなら、イメージングも、アファメーションも、ビジョンボードも、どんな方法も効果的に使えます。

願いが叶った未来のネガティブを受け入れる

知らない人の幸せを祈るところから外堀を埋めて、だんだん核心に迫ってきました。

いよいよ、自分の幸せも「みんなの幸せ」の中に含めましょう。

あとは潜在意識に任せる

理想の世界にはどんな人が周りにいますか？　どんな風に幸せを分かち合っていますか？　どんな愛を循環させていますか？

理想の世界の中心には、満ち足りているあなた、人のために愛を発信しているあなたがいます。

このようにイメージングを重ねて、今のエネルギーを少しでもいい状態に高めて、未来の理想のエネルギー状態に合わせていく。これは僕たちの「顕在意識」の領域での、日々の課題です。

そこまでやれば、あとは「潜在意識」がやってくれます。実際に理想の現実を創っていくのは、潜在意識の仕事です。

自分を愛のエネルギーで満たし、いい状態のエネルギーを未来に向けて送っていると、望む未来への回路が開かれていきます。

最初はチョロチョロと流れる小川のような頼りない回路ですが、次第に勢いを増して、やがて大河のようなしっかりとした回路が作られます。この状態になると、望む未来に必要なものがすべて用意されます。お金、時間、ご縁、環境……すべて揃《そろ》っていきます。

だから、どうか安心してください。「まだお金が用意されない」「まだ理想が現実化しない」とヤキモキするのは逆効果です。

僕たちは自分の仕事に集中しましょう。仕事とは、「みんなの幸せ」

を祈って、愛のエネルギー状態でいることです。

また、自分の頭で「こうやってお金を用意しよう」「こういうステップで叶えていこう」と決めすぎないことも大事です。**頭の中で考えていたのとは違う、思いがけないチャンスや情報に目が行きにくくなるから**です。

まだその世界を経験していない顕在意識で計画できることは、現状でのベストでしかありません。たとえるなら、まだ小学生のうちから、大学受験の戦略を練るようなものです。

✦ 執着と引き寄せは相性が悪い

「願いを叶えたい」との思いが強すぎると執着になります。執着は恐れのエネルギーの代表格で、引き寄せを邪魔します。

恐れのエネルギーに偏っていると、直感も錆《さ》びついて、せっかく用意されたチャンスやご縁に気づけません。執着と引き寄せはすこぶる相性が悪く、執着があると、望む世界がスルスルと逃げていってしまいます。執着を回避するには、「叶ったら嬉しいけれど、叶わなくても幸せだ」と思っているくらいがちょうどいいでしょう。

それから、理想の未来を引き寄せるうえでどうしても外せない条件があります。

誰しも、願いが叶った世界のことをユートピアのように想像しがちですが、実際に叶ったら叶ったで、その世界にもネガティブな要素は必ずあります。そのネガティブも受け入れなければ、願いは現実にはなりません。

たとえば「素敵な家に住みたい」として、その家の家賃や維持費はいくらでしょう。「海外移住したい」として、そのためには言葉の壁や文化の壁と向き合い、乗り越えなければなりません。

顕在意識がネガティブな部分を見て見ぬふりしていても、潜在意識は見て見ぬふりができません。「そんな高額の家賃はもったいない」「言葉の勉強は面倒くさい」という思いが潜在意識に少しでもあったら、潜在意識は願望実現を拒絶してしまいます。

願いが叶った先にあるネガティブな側面を受け入れるためには、まず、どんなネガティブがあるのかをきちんと書き出してみることです。

書き出して、「こうすれば回避できる」「これは許容できる」と一つずつ潰していきます。すべてのネガティブを潰せたなら、未来を受け入れられたということです。

不都合な側面を見るのは勇気がいります。恐れのエネルギーに飲まれそうになるかもしれません。そんなときこそ、あなたの願いが叶ったときに、あなたと一緒に幸せになる人たちのことを思い出してください。

自分だけのためなら「やっぱり現状のままでいいか」となるとしても、「みんなの幸せ」のためならパワーが出ます。

今ここで、幸せになるしかない！

幸せとは、自分が自信を持って「幸せだ」と言える状態です。豊かなお金、やりがいのある仕事、恵まれた人間関係、すべて達成しても、自分で「幸せだ」と言えなければ幸せではないことになります。反対に、どんな状況も受け入れて楽しく生きている人もいます。まさに、幸せの達人です。

おかげさまで僕のYouTubeやSNSの総フォロワー数は、10万人を突破しました（2023年4月時点）。こうなってみてわかったのですが、100人だったときと10万人の今と比べて、幸せの量がまったく違うかというと、ほとんど変わりません。

要は、なにかを得るから幸せなのではなくて、自分が幸せだと気づけば、それでもう幸せなのです。ましてや誰かと比較して幸せかどうかを判定したり、人から認めてもらったりするものでもありません。

「望む未来」が幸せか否かは自分次第

幸せとは、「幸せだ」と言える状態。ということは、**幸せは今にしかない**ということになります。

引き寄せの力があれば、望む未来を創造することはできます。でも、その未来が幸せかどうかは、結局、未来の時点での「今」の自分がどう思うかです。

第4章で「ＡＢＣ理論」のお話をしたとき、今の信念が変われば過去も変わるとお伝えしました。過去のどんな出来事も、今の自分が「体験できてよかった。あの出来事があったから、今の私は幸せなんだ」と思えるなら、どんな過去も「幸せな過去」にできます。

今、幸せを感じなければ、永遠に幸せはない。これは、仏教の教えでも最も重要なコンセプトの一つです。「幸せは今にしかない」「今、感じているものがすべて」と思って生きていきましょう。


人には、危険なことを避けるための「自己防衛本能」が備わっています。無意識のうちに、「不安だな」「危険そうだな」「過去にこんな失敗をしたよな」とネガティブなことにフォーカスするのは、自分を守るためです。安全に生きていくうえではネガティブ思考も大事です。ただし、ネガティブばかりに振り回されていては、引き寄せはいっこうにうまくいきません。

本書では、**ネガティブに振り回されそうになったら「みんなの幸せ」を祈って、エネルギー状態のスイッチを切り替えましょう**と繰り返し伝えてきました。

未来の不安や恐怖よりも、過去への後悔よりも、とにかく今あなたの周囲にある愛にフォーカスするのです。そうして、今の幸せに集中してみてください。

幸せな世界かどうかを決めるのは自分

英語圏で、引き寄せを叶えるカギとされている概念に「セルフラブ」（自分を愛する。自分が愛するもの、いいと思うものこそが世界のすべて）があります。

セルフラブは、仏教の世界観とも似ています。**仏教では、「現実とは自分が見ている世界でしかなく、見方によって現実は変わる」と考えられています。**

この世界観のことを僕は「ぜんぶ自分」と呼んでいます。

あなたの生きる世界が幸せかどうかは、すべてあなた次第です。

あなたが自信を持って「幸せだ」と言えるなら、あなたの世界は最高に幸せです。思い切り、幸せを謳歌《おうか》しましょう。

超意識の作用で不思議なご縁が次々と繫がる

第1章で、顕在意識と潜在意識の関係をご紹介したのを覚えていますか。

ここで、顕在意識と潜在意識に加えてもう一つ、「超意識」について触れておきます。

幸運な偶然が頻繁に起きる

氷山にたとえると、海面の上に見えている氷が顕在意識で、海面の下に隠れているほとんどの部分が潜在意識です。超意識は、その氷山が浮いている海水部分にあたります。あなたの氷山、僕の氷山、知っている人の氷山も知らない人の氷山も、みんな同じ海水に浮かんでいます。その海水＝超意識を介して、氷山どうし、つまりみんなの意識は繋がっています。この海の部分を、「宇宙」と呼ぶ人もいます。

「みんなの幸せ」を願う感覚と、超意識。この二者の間には、大きな関連があるみたいです。というのは、**「みんなの幸せ」を祈って生きていると、なんだか超意識が活性化されるようなのです。**

たとえば先日のこと。動画編集を手伝ってくれる人を募集し、多くの応募者の中から一人選んだら、たまたまその人の彼女が、僕のオンラインサロンのメンバーでした。後日、彼女から聞いた話によると、まだ募集をかける前、僕が「素敵な動画編集者さんがいたら嬉しい」とイメージしながら募集の準備をしていたちょうどその日、彼は「新しい仕事を増やしたい」と話していたそうです。

こんなこともありました。僕が住んでいたマンションを売りに出した翌日に「ちょうどこういう物件を探していた」という人が来て、たった一晩で契約がまとまったのです。

僕の意識と他の人の意識が、まるでお互いの認知を超えたところでリンクして、引き寄せ合っているような感覚でした。

このような絶妙なご縁の巡り合わせ、幸運な偶然がここ数年、ものすごく頻繁に起こっています。日常茶飯事くらいの頻度です。

みんなのことを祈り、着実にエネルギーの状態がよくなってきたあなた。以前よりも愛を発信しているあなた。あなたの超意識も、すでに不思議な偶然をあれこれ起こしていませんか?

この時代を生きるすべての人は、心の奥底で繋がっています。同じ時代を生きている仲間です。

その感覚が得られるだけで、超意識はますますうまく作用してくれるようになります。

みんなの意識を繋いでいる超意識

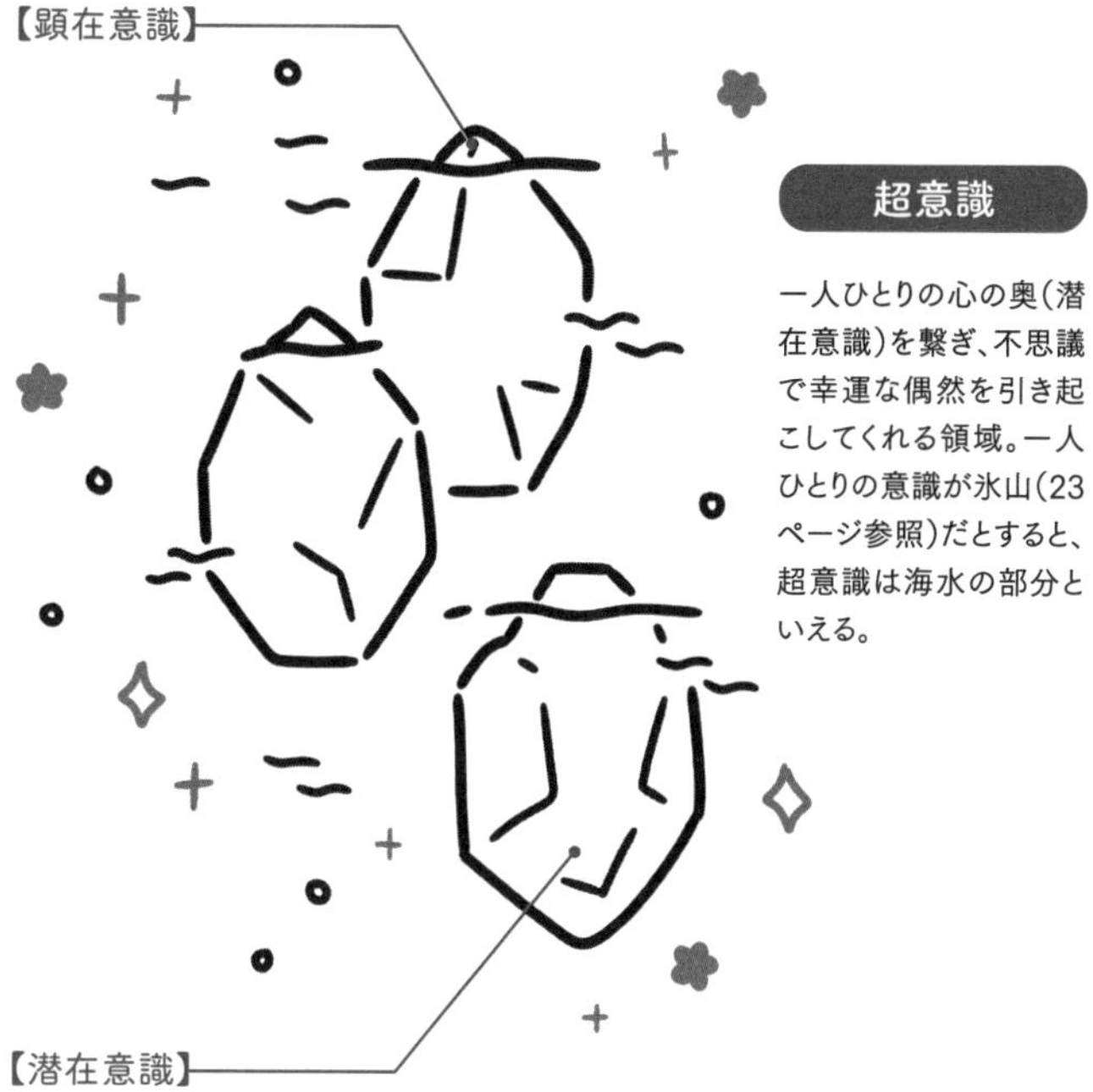

一人ひとりの心の奥（潜在意識）を繋ぎ、不思議で幸運な偶然を引き起こしてくれる領域。一人ひとりの意識が氷山（23ページ参照）だとすると、超意識は海水の部分といえる。

行動、変化、自己肯定感の向上――さらに引き寄せの力は大きくなる！

超意識で、お互いに必要としている者どうしが繋がるとき、まず最初に起きる現象は、突然のインスピレーションです。「この人、いい感じだな」「一緒にやってみたいな」という直感です。

僕が動画編集者を募集しようと思ったのも直感でした。マンションを売却して引っ越そうと思ったのも直感。素敵なビジネスコミュニティに入れたのも直感です。

ふっと顔が浮かんだ相手に連絡をしてみたら、あっという間に意気投合したなんていうこともたくさんあります。これも直感です。

動画で話していることも、すべてその場の直感です。僕の動画は、図は用意しますが台本はありません。アドリブで話していると、不思議と「あれ？　こんなこと考えていたんだ」と自分でも思うようなトークが、いつもうまく降りてきます。

✦直感を羅針盤にする

直感とは、潜在意識や超意識からのメッセージのようなもので、「人生の羅針盤」とも呼ばれます。だから直感に従って、えいやっと飛び込むと、想像以上のスピードで、行きたい未来に進んでいけます。

ぜひ、直感に従って行動してみてください。**あなたのエネルギーがいい状態なら、直感に従って、悪い結果になることはありません。**

多少失敗しても、必ず次への経験になります。

行動といっても、がんばったり力んだりする必要はありません。

というのは、自分の内側が心地いいエネルギーで満たされていれば、適切なタイミングで、自然と行動したくなるからです。しかも、いざ行動してみたら、どんどん楽しくなって、必要なサポートもいろいろ入ってきて、願っているつもりもなかったような引き寄せまで起きます！

行動を起こし、現実的な変化が伴うと、潜在意識レベルで「自分の本当の願いを叶えることができるんだ！」という自信がつきます。自己肯定感も上がっていきます。

これが先述した「セルフラブ」（自分を愛する）の感覚であり、「ぜんぶ自分」の感覚です。

自分の内側の愛のエネルギーがますます高く強くなっていって、目に映る世界から受け取れる愛のエネルギーの量もますます増幅します。

最後にもう一度、言わせてください。

あなたが感じていることが、そのまま現実になっています。あなたの内側に愛のエネルギーがあれば、さらに心地いい未来が広がっていきます。あなたがどこにフォーカスしているか次第です。

そのためにもまずは、いつでも知らない人の幸せを祈るところから。あなたの視界に入ってくる知らない人たちの幸せをいつも祈っていれば、知っている人のことも、利害関係にある人も、さらには苦手な人のことさえも祈れるようになって、最終的には自分の幸せもうまく祈れるようになります。

あなたの愛のエネルギーが大きいほど、引き寄せの力も大きくなります。

あなたが見ている宇宙全体を、隙間なく、愛のエネルギーで満ちた状態にしていきましょう。

WORK
05

「自分」の幸せを祈る

この本の冒頭から一貫してお伝えし続けてきた「みんなの幸せ」を祈る習慣は、これからも続けていきましょう。特に第1・2章でやった「知らない人」の幸せを祈るワークは、今の自分を変えるために絶対に欠かせません。息をするくらい自然な習慣として、あなたの日常に馴染《なじ》ませてください。人間は忘れっぽい生き物ですから、毎日やって定着させてください。

そうして「みんなの幸せ」を祈りながら、自分の幸せも思い描いてみましょう。この本の最後のワークでは、自分の幸せを具体的に祈り、そのためのアクションについて考えます。最初のうちはノートに丁寧に書き出し、慣れてきたら心の中でやっても大丈夫です。

1
あらためて、自分の中の愛を見つめる。
がんばっていること、能力や魅力、好きなこと……
なんでもよい。

2
1を思い浮かべたエネルギーの状態で、
あなたにとって理想の世界と
そこでの自分の役割を細かく書き出す。

3
2を実現するためにできること、
特に今までやったことのないことを書き、
実際に行動してみる！

「自分」の幸せを祈る

○月△日

1　「自分」の愛

・家事や仕事をがんばっている。
・「みんなの幸せ」をピュアに願えるようになった。

2　理想の世界と「自分」の役割

・時間や場所に縛られないオンラインの仕事。
・月収200万円以上。
・自分だけのおしゃれな書斎がある家。
・大好きな人に囲まれた日々。
・周りの人が笑顔で、自分も笑顔。
・近所の人たちと朗らかに挨拶を交わせる毎日。
・周りの人すべてをリスペクトしている。
・世界中の人が豊かで、自分も豊か。
・そうした環境で過ごすことで、
　世界にますます大きな愛を放てる自分。

3　「自分」にできる行動

・好きなこと、得意なことを活かした
　副業やボランティアを始める。
・これからも宇宙全体の幸せを願い続ける。
・いつも愛のエネルギーで生きる。

自分の内側を
高くて強い愛のエネルギーで
満たせば満たすほど、
想像以上のスピードで
理想の未来が引き寄せられてきます。

おわりに――愛は伝染して拡大する

あなたという存在が誕生したことには、必ず意味があります。

医学的な観点では、卵子と精子の受精であなたが誕生する確率は100兆分の1以下という説もあります。それほどの可能性の中からあなたという個人が生まれました。

今の環境、その身体であなたが生まれてきたのは、世界がもっとよくなるために必要だからです。この世界には無駄なことは一つも起こりません。あなたが生を享《う》けたのも必然だったのです。

世界はあなたを必要としています。


この本に出会ったことも必然です。潜在意識や超意識で「今こそ自分の使命と向き合うときが来た」と感じているからこそ、ここに書いた情報があなたの目に映っています。

「こうなったらいいな」と思う未来は現実にできます。現実にならないのは、そもそもあなたが本心から「こうなったらいいな」とは思っていないからです。

仏教には「意識」のみが真実で「見えている世界」は幻想である、という基本概念があります。僕の解釈で言い直すと、望む世界に意識を向けていけば、その世界への道が自動的に創られていくことになります。カーナビに目的地をセットして、あとは自動運転で連れて行ってもらうようなものです。

また、仏教では「人生のミッション（使命）を見つけることこそが人生の意味」ともされています。

自分が生を享けた意味に気づいて、愛の循環を起こし、もっともっと人生を楽しんでいきましょう。

人間に与えられた時間は有限です。みんないつか旅立ちます。これからも僕は与えられた時間をフルに使って、理想の人生を生きる人をたくさん増やしたいと望んでいます。皆さんの恐れを愛に変えて、願いを叶えていけるお手伝いをしたいと、真剣に思っています。

お互い、せっかく地球に生まれたのですから、ここでできる願望をいっぱい叶えていきましょう。朝起きたときに「今日はどんな一日にしようか」とワクワクするような毎日にしていきましょう。

この本に書いたことを試して「いいな」と実感できたら、そのやり方を誰かに伝えてもらえたら嬉しいです。他者への愛は伝染して拡大していくもの。その循環を起こしてもらいたいのです。

僕が大好きな映画に『ペイ・フォワード』という作品があります。日本語で「可能の王国」という副題がついています。ちょっと古い映画ですが、配信もされているのでぜひ観てみてください。一人の少年が勇気を出して身近な3人を幸せにしようとする。その3人がまた別の3人を幸せにして……と愛のバトンが次々に渡されて増えていく物語です。そんな風に「みんなの幸せ」のために行動する人の輪が広がっていくことが僕が描く理想の未来です。

最後まで読んでくださり、ありがとうございました。また、いつも僕を応援してくれるYouTubeやSNSのフォロワーさん、クライアントさん、スタッフのみんな、僕と関わりを持ってくださったすべての愛する方々に、この場を借りてお礼を申します。本当にありがとうございます。

あなたが「この人生でよかった」と思って生きられますように。
あなたの幸せを祈っています。

著者

近藤 純（こんどう じゅん）

潜在意識ラボ代表。JADP認定メンタル心理カウンセラー®、上級心理カウンセラー。ビジネスコンサルタント。自身が研究・実践した「引き寄せの法則」「潜在意識の書き換え方」をベースに、ニューエイジ思想・脳科学・心理学・仏教学まで幅広く語るYouTubeチャンネル「潜在意識ラボ／純」を2020年末に開設。願望実現のしくみを現実的な目線でわかりやすく解説するスタイルの動画が人気を博す。オンラインサロンも好評。

YouTube
潜在意識ラボ / 純
https://www.youtube.com/@jun77/

Voicy
現実的に夢を引き寄せるラジオ
https://voicy.jp/channel/3439

Instagram
https://www.instagram.com/junsan_77/

Twitter
https://twitter.com/junsan_77

みんなが幸《しあわ》せになる
引《ひ》き寄《よ》せの新《しん》法《ほう》則《そく》

2023年 6月 15日　初版発行

著　近藤《こんどう》 純《じゅん》

発行者　山下 直久

発　行　株式会社KADOKAWA
〒102-8177 東京都千代田区富士見2-13-3
電話0570-002-301（ナビダイヤル）

印刷所　大日本印刷株式会社

製本所　大日本印刷株式会社

●お問い合わせ
https://www.kadokawa.co.jp/（「お問い合わせ」へお進みください）
※内容によっては、お答えできない場合があります。
※サポートは日本国内のみとさせていただきます。
※Japanese text only

定価はカバーに表示してあります。

ISBN 978-4-04-606307-6　C0095